研究生教育管理
探索与创新
（2024）

主　编／陈华明

图书在版编目（CIP）数据

研究生教育管理探索与创新. 2024 / 陈华明主编.
成都：四川大学出版社, 2024.8. -- ISBN 978-7-5690-7068-2

Ⅰ. G643

中国国家版本馆 CIP 数据核字第 2024XU8842 号

| 书　　名：研究生教育管理探索与创新 (2024)
Yanjiusheng Jiaoyu Guanli Tansuo yu Chuangxin(2024)
主　　编：陈华明

选题策划：周　洁
责任编辑：周　洁
责任校对：余　芳
装帧设计：墨创文化
责任印制：王　炜

出版发行：四川大学出版社有限责任公司
　　　　　地址：成都市一环路南一段24号（610065）
　　　　　电话：（028）85408311（发行部）、85400276（总编室）
　　　　　电子邮箱：scupress@vip.163.com
　　　　　网址：https://press.scu.edu.cn
印前制作：四川胜翔数码印务设计有限公司
印刷装订：成都金龙印务有限责任公司

成品尺寸：148 mm×210 mm
印　　张：9
插　　页：1
字　　数：244 千字

版　　次：2024 年 08 月　第 1 版
印　　次：2024 年 08 月　第 1 次印刷
定　　价：58.00 元

本社图书如有印装质量问题，请联系发行部调换
版权所有　◆ 侵权必究

扫码获取数字资源

四川大学出版社
微信公众号

目 录

党建与思政

信息失序与大学生思想教育的"再序化"路径 … 贾瑞琪（3）

强化研究生党员党史学习教育质效的路径探析
　　……………………………… 黄禄梁　叶　扬（11）

中国式现代化融入研究生思想政治理论课的路径研究
　　……………………………… 薛一飞　熊鸿杏（18）

"两个结合"视域下中华优秀传统文化融入高校研究生
　　思政课实现路径研究 ………… 邢海晶　冯晓玲（25）

党建思想引领，志愿薪火传承
　　——电气工程学院研究生志愿服务开展路径思考与探索
　　……………………… 张　瑾　黄梦婵　黄　龙（32）

国际中文教育专业学位研究生"三进"工作的探索与实践
　　……………………………… 李　倩　张　杰（40）

高校推进党的二十大精神入脑入心研究综述与展望
　　……………………………… 黎红友　李贝贝（47）

研究生党建和思政教育工作融合发展的思考
　　……………………………… 张　宇　孙大宝（55）

科学家精神融入高校理工科研究生思想政治教育探析
　　——以四川大学化学学院为例 ………… 杜晓燕（63）

"e"时代关于研究生思政教育的"e"探索
　　………………………………何　惠　何　阳　张　帆（68）
党的二十大精神融入研究生综合素质课教学实践与探索
　　……………………………………………………吴　宇（76）
新时代研究生党建工作与科研创新双融双促路径探究
　　……………………………………………………张　珊（84）
"一站式"研究生社区内涵建设研究
　　………………………俞晓红　李　侠　马　芸（90）
新形势下非全日制研究生教育管理问题分析及对策建议
　　……………………………………………………马　芸（98）
高校"第二课堂"研究生思政美育实践路径探索
　　——以四川大学"中华天府文化行"系列实践
　　活动课程为例……………郭潇蔓　曲王沁沁（105）

培养与管理

研究生招生指标分配机制与招生结构调整探析
　　……………………………………张　丽　张　盈（115）
哲学学科课程思政建设的内在逻辑……舒　星　李泽锋（122）
来华留学研究生培养与管理研究
　　——基于四川大学国际中文教育专业学位研究生的考察
　　…………………………………………李　侠　巫　江（131）
研究生教育"一级学科"模式与"二级学科"模式研究
　　……………………………………………………江虎维（138）
人工智能赋能研究生外语教学发展方向探究……赵旖旎（145）
"五育融合"视域下"双一流"高校翻译硕士人才培养机制
　　研究…………………………韦足梅　韦李娜（153）

目 录

四川大学构建研究生课程内部质量保障体系的实践与思考
………………………… 李 娟 吴雨珊 刘 立（161）
四川大学工程教育发展历程与卓越工程师培养若干思考
………………………………………… 李 洁（168）
四川大学推进学科交叉建设的探索与思考 ……… 文宇峰（178）
产教融合背景下卓越工程人才培养的发展、探索与实践研究
………………… 龚骄林 杜吉佩 张福会 刘 丹（186）
大数据驱动的研究生教学质量监控与评价
………………… 张福会 刘 立 黄 瑶 龚骄林（194）
高分子学科研究生招生现状分析及招生宣传策略探索
——基于四川大学高分子学科2021—2023年研究生
招生数据分析 ………………………… 张 聪（202）
高校研究生生均培养成本研究 ……………… 蒋 静（209）
新材料领域工程博士专业学位研究生培养路径的探索
——以四川大学高分子科学与工程学院为例
………………………… 刘 丹 罗 寒 龚骄林（217）
依托信息化平台的论文督导制度对全日制博士研究生学位
论文质量的影响 ………… 肖 颖 李 娟 陈 锦
陈 念 仝晶晶 陈能静 曾 雯（225）
我国西部一流大学研究生教育与核心区域经济协调发展的
演化分析 ……………………………… 邱厌庆（236）
中国西部高校世界一流大学建设情况及路径
………………………………… 杨晓龙 刘文红（247）
如何解决研究生课程和本科生课程同质性的问题
………………………………… 黄 云 张福会（259）
产教融合创新网信方向研究生培养模式的探索与实践
………………………………………… 余林星（269）
新文科背景下国际中文教育专业硕士学位论文的改革实践
——以四川大学为例 …………… 朱 姝 刘力萍（277）

党建与思政

信息失序与大学生思想教育的"再序化"路径

贾瑞琪

（四川大学文学与新闻学院　四川成都　610207）

摘　要：当前，由于传播链条改变引发的秩序冲突和信息传播紊乱导致的规范颠覆在很大程度上使得信息传播陷入失序状态，在为大学生思想教育提供错误"拟态"价值导向的同时，也增加了大学生思想教育纠偏导正的"离心力"，成为影响高校思想教育的重要因素。高校应当从信息源、信息流、信息链的整个传播链条着手，于混乱的信息洪流中寻找并开辟大学生思想教育的"再序化"之路。

关键词：信息失序；大学生思想教育；再序化

　　信息失序，简单而言，是信息在传播过程中偏离原先传播轨道和规律，从而表现出的一种混乱状态。当前，信息失序已经成为网络信息传播的一大表征，在客观上影响着当前大学生思想教育工作的路径与方法。

---

* 本文系四川大学中央高校基本科研业务费研究专项项目（sksz202101）阶段性成果。

一、信息失序的基本表现

伴随着以人工智能为代表的现代信息传播技术的迅猛发展，技术在基础设施的建设、虚拟空间的搭建、时间的加速与再造方面表现出前所未有的影响力，已成为搅动当前信息传播秩序、造成信息失序的最大变量。总体而言，当前信息失序主要表现在信息传播的无序与失控两个方面。

（一）无序：传播链条改变引发的秩序冲突

如果把信息传播比作一个链条，那么，在传统时代，信息的传播基本遵循"生产—分发—消费—反馈—再生产"的流程，而各类技术手段的运用在很大程度上打破了这一链式传播模式的平衡。具体而言，信息的生产主体发生了极大的变化，尤其是伴随着自媒体的普及，人人都有麦克风的时代已经到来，多元的信息生产主体导致信息的原始采集与获取多元化，而人作为主观能动性的拥有者，其所生产的信息也往往带有极强的主观主义色彩，这一切都导致信息的分发渠道不再是单一的，而是成千上万甚至数以亿计的，信息所传递的价值也并非单一的，而是被蒙上一层朦胧的"薄纱"。这些海量的信息对应着形色各异、参差不齐的信息接收者，无疑会造成信息接收和消费的分流，以及由此而来的观点的多元乃至对立与冲突。而在这个信源、生产者与接收者相互交织、纠缠、错乱的信息网络中，一些变量因素的存在与作用更加加剧了信息的无序性，最具有代表性的有评论、转发、跳转等。信息不再有序地在网络空间中悠然流动，而是伴随着用户的各类点击与操作在网络空间中无序地窜动，信息接收者们也在宛如"神龙见首不见尾"的捕风捉影中搅动着已经混浊不堪的网络浑水。

（二）失控：信息传播紊乱导致的规范颠覆

本质上来看，失控是在失序基础上的信息传播紊乱的深层表征。当信息传播失去了原本的规律，网络中的信息传播秩序进一步混乱，观点的对抗与态度的交锋代替理性的信息接收与选择，无序的信息场域带来了认知的混乱与理性的蒙尘，人们在信息生产与消费的活动中感受到的不再是知识的增长与视野的开阔，而是相左的态度与亟待澄清的事实；不再是文明的开化与素养的提升，而是在信息海洋中逐渐被迷失的困惑与被淹没的恐慌。而当这种观点的冲突、意见的混乱、态度的对抗愈演愈烈，随之而来的便是处于网络空间中不同信息追随者的线上对抗乃至线下冲突，影响也不再仅仅局限于思维与认知层面，而是蔓延至现实行动，深刻影响个体行为与社会走向。当前各类网络舆情的产生便是这种信息传播失控作用下网络观点激化与极化的一种现实表现。

在信息无序和失控的双重影响下，当前的网络空间呈现出信息失序的特征，严重影响了正常的网络传播秩序，对诸多网络相关的教育工作提出了新的挑战。

二、信息失序对大学生思想引领的作用及影响

大学生思想教育工作越来越无法脱离网络这一客观环境，这已成为不争的事实，信息传播的失序也因此必然对其产生影响。这体现在以下两个方面。

（一）信息失序为大学生思想教育提供了错误的"拟态"价值导向

拟态环境是拟态价值导向存在的土壤。拟态环境概念最早由李普曼提出，他认为，拟态环境存在于人与真实的生存环境之间，是真实环境的简化模型。人们往往借助拟态环境对真实环境进行重建，并对此做出行为回应（李普曼，2018）。彭兰将拟态环境分为个体性的、群体性的以及公共性的三个不同层面，指出无论个体、群体还是公众，都会因其所接触的信息而影响其对信

息的感知甚至是对整个社会的信息环境认知（彭兰，2022）。感知与认知构成了个体与群体的价值生成基础，在此意义上，拟态环境扮演着塑造价值观的角色。在信息失序的背景下，大众传播所呈现出的拟态环境同样表现出失序的传播偏向。多元信息的充斥加剧了受众甄别的难度，传播的乱序状态干扰了受众信息接收的判别能力，观点的冲突、意见的混乱、态度的对抗导致负面情绪泛滥，扭曲着受众的价值判断。大学生群体作为新媒体的使用者，其价值塑造必然因此而呈现出错误的"拟态"导向。这表现为其所呈现出的"信息茧房"式的单一认知与片面立场，即无法从全面的、客观的角度对事件做出准确的评判，而是陷入个体接触的信息网所编织的狭隘、偏执的认知思维。如在很多网络舆情事件中，大学生往往成为易被影响和鼓动的一个群体，并对事件做出片面的回应。此外，这种"拟态"导向还体现为"后真相"式的情感主导偏向，即个人的情感和信念超越事实成为主导个体行为的主要因素，事实逐渐失去主导共识的力量。大学生群体因涉世未深，容易被情感和情绪蒙蔽，出现过激的言论和行为，从而影响自身的事实判断。错误的"拟态"价值导向反过来也增加了大学生思想引领工作的难度。

（二）信息失序增加了大学生思想教育纠偏导正的"离心力"

信息失序及其带来的错误"拟态"价值导向与高校思想教育工作形成了两极力量的拉锯战。一方面，当前的大学生群体越来越受到"拟态"价值导向的影响。尤其是伴随着新媒体技术的快速发展，大学生群体被包裹在巨大的传播网络之中，全景式沉浸在网络空间提供的信息海洋中。其所接触的海量、混杂信息在满足个体信息需求的同时也在很大程度上形塑着其群体价值观，大量虚假、不实、片面、无效信息的存在形成了包裹效应，使得身处其中的大学生群体愈发强化和加深其原本已经产生偏差的价值观念，走向错误的一端。另一方面，"拟态化"的价值侵染在一定程度上削弱了大学生思想引领工作的效力。复杂的网络环境及其所造成的持续性拟态价值塑造对大学生思想引领工作造成了冲击。思想教育工作者面临的信息源更为多元，对抗的不良信息内容更加多样，更为重要的是，还需在常规引导之外完成对大学生群体价值偏差的纠正工作。两种力量的拉锯战使得大学生思想引领纠偏导正的"离心力"大大增加，导致高校思想教育工作面临新的挑战。

三、信息社会大学生思想引领的"再序化"路径

秩序重构是信息失序背景下大学生思想引领工作的重中之重。在混乱的信息洪流中寻找并开辟大学生思想教育的秩序之路是当前做好高校思想政治工作的关键。而在失序的信息中重新建构秩序需要从信息源、信息流、信息链的整个传播链条着手，在充分掌握各阶段传播规律和特征的基础上梳理出新的思想教育信息传播脉络。

（一）信息源的疏通与净化

信息源的堵塞与污染是信息失序的根源所在。正如前文所言，人人都有麦克风的时代导致信息环境大大"开源"，信息源的增多在拓展信息生态边界的同时也造成了源头的拥堵。而"开源"的同时未适时"节流"，大量未加审核的信息的流入造成了信息环境的极大污染。因此，做好大学生思想政治工作必须注重信息源的疏通与净化。这就要求高校首先要成为大学生信息接收的重要有益源头之一，与诸多不良信息源形成对冲之势。如通过有趣的课程设置、多元的课外活动、生动的社会实践等吸引学生的注意力，营造"大思政"的良好氛围，让课堂知识、课余活动等成为学生关注和讨论的主要话题。再如搭建属于高校自己的信息传播平台，针对学生感兴趣的社会话题、校园事件等发布观点，形成正确的价值引领力量，以此疏通日益堵塞的信息源，汇聚成思想引领的清流。与此同时，高校思想教育工作还应发挥净化功能，有效净化不良网络信息，在大学生群体与网络社会之间建立一道过滤屏障。思想教育工作讲求的是循序渐进、潜移默化，高校应将思想教育工作渗透在学生学习生活的点滴之中，给予学生涓涓细流般的精神滋养。这一滋养的过程实际上便是净化的过程，通过正确价值观的植入、正能量的汇入以及持续不断的巩固，不断向大学生群体输送正确的观念，从源头提高其信息摄入的纯净度，从而形成抵御不良信息的内生力量。

（二）信息链的修复与重塑

信息的传播离不开信息链的有效拼接，信息链相连接的地方是信息传播的关键节点，在整个信息传播中起着把握方向、掌握节奏的重要作用。不同信息链的交织便构成了信息网络，因此，信息链在信息网络中扮演着基础单元的作用，对信息链的修复与重塑在很大程度上影响着信息的"再序化"进程及效果。在信息链的修复中，首先要找准关键点，在关键点发力进行引导。在信息传播层面，这些关键点包括信息的阅读、评论、转发等传播行为；在传播生态层面，这些关键节点则包括重要的节日、社会事件、话题等易引发网络热议的时间点。尤其是对于热点事件或热点话题，当评论和转发行为达到一定的数量，话题的热度将陡增，引发网络舆情的概率也将极大提高。大学生群体是热点事件和热点话题的主要关注者和参与者，极易受错误信息的诱导，发表不当言论，陷入舆论漩涡。因此，高校需在关键节点给予其适时引导，通过将网络素养教育融入日常思政教育，提升学生甄别事实、合理用网的能力，减少因个人情绪、片面信息接收、他人鼓动等因素导致的非理性用网行为。通过规范自身行为倒逼网络传播生态的自我修复。在此基础上，高校应积极重塑传播链条，在重大热点事件中启动应急预案，通过事实的快速澄清建构完整、准确的信息链，以此为正确导向消除信息失序在大学生群体中带来的负面影响。

（三）信息流的引导与调适

信息流的引导与调适主要包括"引流"和"汇流"两个方面。就前者而言，面对无序信息带来的负面影响，对其进行有效"引流"，减小无序信息对整个信息环境以及大学生群体带来的冲击力是关键所在。高校应通过找准信息"堵点"，对其进行精准疏导，从而加速无序信息的"排泻"。所谓"堵点"是大学生群体所关注的热点话题的争议点，容易导致其陷入信息漩涡的模糊点，信息传播中多元意见的汇聚点。这些"堵点"的存在改变了信息流动的速度和走向，加剧了信息的无序化程度，是造成信息流堵塞的重要原因。通过对这些"堵点"的疏通，可以降低争议性、模糊化信息对大学生群体的影响，引导其了解事实真相。高校应当在充分掌握学生信息接收现状与诉求的基础上有针对性地进行"堵点"的疏通，确保信息的流畅，从而矫正信息流动的方向和速度，使其重新回到正确的频率。在"引流"的同时，还需做好信息的"汇流"工作。所谓"汇流"实际上是力量的汇总，换句话说，是"一盘棋"意识在高校思政教育中的体现。信息无序化是高校面临的共同客观环境，也是思政教育工作开展的客观难题。高校应当有共同体意识，共同研判当前的信息传播环境、学生的信息接收行为、信息消费需求，尤其是在面对重大网络热点和舆情事件时所存在的思想引领问题，汇聚多源信息和多方经验，共同应对信息失序背景下的大学生思想教育工作困境。作为重要的教育力量，高校的协力与汇流对矫正信息失序必将发挥重要作用。

四、结语

立足信息化时代背景，在失序的网络环境中探寻再序化路径是当前高校思想政治教育工作的重要研究课题。面对新问题，思政教育也应做到"因事而化、因时而进、因势而新",用信息化的手段应对信息化过程中出现的问题,以前瞻性的眼光审视思政教育中的新课题。唯有如此,才能于混乱中找寻秩序,于创新中找寻方向,顺势而为,将大学生思政教育工作做在时代之前。

参考文献:
曹淑敏. 把思想政治工作贯穿教育教学全过程 开创我国高等教育事业发展新局面[N]. 人民日报, 2016-12-9 (1).
李普曼. 舆论[M]. 常江, 肖寒, 译. 北京: 北京大学出版社, 2018.
彭兰. 新媒体时代拟态环境建构的变化及其影响[J]. 中国编辑, 2022 (12): 4-9.
中共中央马克思恩格斯列宁斯大林著作编译局. 马克思恩格斯全集: 第1卷[M]. 北京: 人民出版社, 2002: 203.

强化研究生党员党史学习教育质效的路径探析

黄禄梁 叶扬

(四川大学华西口腔医学院 四川成都 610041)

摘 要：强化研究生党员党史学习教育，是培养高素质、全面发展的社会主义合格建设者和可靠接班人的内在需求，不仅关系到个人成长，对于推动学科发展、服务国家战略需求也有重要作用。面对当前研究生党员在党史学习中学习意识、学习内容、学习形式等方面存在的问题与不足，应当从信息化手段、拓展性举措及全覆盖宣传等入手，不断拓宽学习边界、丰富学习形式、提升学习质效。

关键词：研究生；党员；党史学习教育

2022年3月，中共中央办公厅印发《关于推动党史学习教育常态化长效化的意见》，提出"六个着眼"巩固拓展党史学习教育成果。2024年2月，中共中央印发《党史学习教育工作条例》，提出要推动党史学习教育常态化长效化，推动全党全社会学好党史、用好党史，把党史学习教育融入日常、抓在经常。随着社会主义现代化建设进入新时代，培养具有坚定理想信念、担当民族复兴大任的高素质人才迫在眉睫。研究生是我国高等教育的高层次群体，强化党史学习教育是其加强党性教育、提高党员素质的重要途径，这不仅关系到研究生个人成长，对于推动学科发展、服务国家战略需求也有重要作用。

一、研究生党员党史学习教育的重大意义

强化研究生党员党史学习教育，是培养高素质、全面发展的社会主义合格建设者和可靠接班人的内在需求，不仅可以使研究生党员在理论上更加成熟、在实践上更加自觉，更有助于提升其个人能力素养，为其自身成长成才奠定坚实基础。

（一）增强党性修养，提升政治素质

研究生是未来社会发展的中坚力量，研究生党员作为其中思想过硬、表现突出的群体，应当对自身理论武装提出更高要求。加强党史学习教育有助于研究生党员增强党性修养，提高党员素质，深刻认识党的初心和使命，增强党性观念，提高党性修养。同时，党史学习教育还可以帮助研究生党员更好地树立正确的世界观、人生观、价值观，培养良好的道德品质，提高党员的整体素质。通过学习党史，研究生党员能够更好地理解党的光辉历程、伟大事业和宝贵经验，在党史中汲取力量、砥砺初心，把自我价值的实现与国家和民族的未来发展相统一（高丽娜，2022），从而坚定理想信念，增强"两个维护"的自觉性和坚定性。

（二）传承红色基因，赓续优良传统

党史中蕴含着丰富的革命精神和优良传统，这些精神是激励我们不断前进的强大动力。研究生党员通过系统学习党的奋斗史和革命史，不仅能够深刻理解党在不同历史时期的创新理论和战略决策，还能从中吸取精神养分，将党的光荣传统和革命精神内化为自己成长发展的宝贵财富。通过加强党史学习教育，研究生党员可以增强历史使命感，深刻认识到自己身上肩负着的责任和使命，进一步提高使命意识和责任担当精神。这些红色基因和优良传统将成为他们在未来面对挑战时的精神支柱。

（三）促进学术研究，服务战略需求

党的历史是最好的教科书。研究生党员在深入学习党史的基础上，可以将党的历史经验和理论成果与自己的学术研究相结合，推动学术创新和科技进步。例如，在社会科学研究中，研究生党员可以深化对党史的研究，提炼出具有普遍意义的治理经验和发展规律；在自然科学研究和技术革新中，可以更好地理解国家的发展战略、政策导向和重大需求，从而在学术研究和技术创新中更好地服务于国家战略需求。这不仅有助于研究生成长为国家需要的高素质人才，也为国家的长远发展提供了坚实的智力支持和人才保障。

（四）凝聚骨干力量，培养优秀干部

研究生党员是党的干部队伍的后备军，他们中的许多人将成为未来各级党组织的骨干力量。加强党史学习教育，不仅能够培养研究生党员的党性修养和党员意识，提高他们的组织纪律性和执行力，还能够帮助研究生党员深入了解党的优良传统和作风建设，进一步增强他们的廉洁自律意识，从而将他们培养成为优秀的党员干部。

二、研究生党员党史学习教育的现状与不足

由于党的大政方针政策的宣传引导以及中国特色社会主义进入新时代，近年来，全国各大高校都高度重视研究生党员的党史学习教育工作，将其与党的组织生活、党校培训、特色主题党日等相结合，产出了一批有亮点、有特色的党史学习教育党建工作品牌。与此同时，我们也要清醒地认识到，党史学习教育在研究生党员成长成才中的作用发挥得还不够充分，研究生党员的党史学习教育仍然存在一些问题与不足。

（一）学习意识上，缺乏自觉和主动

在绝大多数研究生党员普遍积极投入党史学习教育的同时，也

有个别研究生党员缺乏对党史学习的深刻理解，主观上错误地认为党史学习仅仅是一种形式主义的任务，对党史学习持有功利心态，将党史学习教育视为一项额外负担，存在不主动学、学习不深入的情况（柳倩，2023）。还有一部分研究生党员因为学业压力、科研任务或其他个人原因，对党史学习的认识不足，未能充分认识到学习党史的重要性与必要性。这也在一定程度上影响了研究生党员投入党史学习的深入性与实效性，党史学习教育的效果也大打折扣。个别高校和学院对于党史学习教育未能给予充分重视和资源倾斜，也在一定程度上影响了党史学习教育工作的深入开展。

（二）学习内容上，缺乏深度和广度

部分研究生党员对党史的学习可能仅停留在知识层面，缺乏深入理解和思考，不能全面系统地掌握党的发展历程、理论体系和历史经验。还有的研究生由于学习内容不够广泛，或者学习方法过于单一，未能激发出深入探究的兴趣，对于党史学习更多停留在纸面的知识传授上，对于深入探究其思想内核有明显不足。由于党的历史内涵丰富、外延博大，全面系统学习需要系统规划与全局部署。部分高校的党史学习教育缺乏系统性的规划和安排，学习内容过于零散和片面，这也导致研究生在党史学习中难以形成完整的知识体系。

（三）学习形式上，缺乏新意和创意

当前，研究生党史学习主要还是以传统的课堂教学、支部组织生活学习文字材料、集中宣讲会等形式进行，互动性和体验性的教学活动较少，难以满足研究生党员多样化的学习需求，难以激发研究生党员的学习兴趣和积极性。同时，线下活动受到时间和空间限制，无法满足研究生党员的多样化学习需求。实践教学环节薄弱，缺乏系统性的设计和组织实施也导致研究生难以将党史知识转化为实际行动，更难以进一步呈现党史学习的实际应用效果。

（四）学习时间上，缺乏机动和灵活

一方面，由于研究生学业繁忙，他们需要投入大量的时间和精力来完成课程学习、科研实践和论文写作等任务，这使得他们很难抽出足够的时间来学习党史。另一方面，党史学习教育的内容往往与研究生的学科需求和实际应用之间存在一定的差距。这使得研究生党员很难将党史学习与自己的专业发展和实际需求相结合，导致学习效果不佳。特别是对于那些科研任务繁重的研究生来说，他们可能更加关注自己的研究方向，而忽视了党史学习。同时，由于当前党史学习教育更多有赖于组织生活等形式开展，再加上同一支部的研究生党员时间安排不完全一致，协调一个相对统一、参与党员相对齐整的时间也有一定难度，这也导致研究生党史学习教育难以兼顾"实效"与"机动灵活"。

三、"三个一"强化研究生党员党史学习教育质效

（一）一组"信息化"手段拓宽学习边界

随着信息技术的发展，利用信息化手段强化研究生党员党史学习教育已经成为可能。在扎实开展党的组织生活、集中开展党史学习教育的前提下，在线学习平台或微信群等为研究生党员提供便捷的学习渠道和资源，能够有效地帮助研究生党员利用碎片化时间加强对党史知识的学习，一定程度上解决了学习时间难以统一协调、学习效果打折扣的问题。例如，四川大学华西口腔医学院打造了"党员e家"党建学习平台，定点推送党史微视频，进一步丰富学习形式。同时，还可以鼓励研究生党员在线学习和交流，利用智能手机和平板电脑等移动设备，充分利用新华网、人民网、共产党网等官方媒体的海量数据资源，不断拓宽研究生党员党史学习的边界。

（二）一套"拓展性"举措丰富学习形式

"坐下来"踏踏实实看、原原本本学是研究生党员党史学习的重要基础，"站起来"组织形式多样、趣味性强的拓展学习是有力补充，"走出去"把理论学习落实到实践中更是应有之义。为了加深研究生党员对党史的理解，可以组织系列讲座和研讨活动，邀请党史专家和亲历者分享党的历史故事和先进经验；鼓励学生深入研究党史中的重大事件、重要人物和转折点，通过撰写文章、参加演讲比赛等，把自身置身于"党史"的伟大进程中；同时，结合时间节点，观看纪录片、红色影视作品等，丰富学习形式，提高学习的趣味性和感染力，通过组织研究生参与党史主题实践活动，如赴红色教育基地参观学习、举办党史知识竞赛等，让研究生在实践中学习和感悟党史，进一步拓宽党史学习的体验维度，使体验式教育模式更具感染力（盛名，耿锐，2022）；鼓励研究生将党史学习与社会实践相结合，参与志愿服务、社区建设等活动，将党史学习成果转化为服务社会的实际行动。

（三）一系列"全覆盖"宣传提升学习质效

在研究生党史学习教育中，充分运用一系列宣传工具，能够有效提升学习质效，是强化研究生党员党史学习教育的重要手段。一方面，通过校园媒体、海报、微信推送、宣传册等多种渠道，定期发布党史学习教育的信息与工作进展，营造积极向上的学习氛围，使研究生党员置身于全员积极参与党史学习的场域中，帮助研究生党员自觉或不自觉地投入党史学习。另一方面，选树榜样典型，在各大高校中创建一批研究生党员党史学习教育的党建工作品牌，形成一批可复制、可推广的典型经验，进一步提升学习质效。比如，全国高校思想政治工作网打造了全国高校党史学习教育工作成果展，在各官方平台开展示范微党课、党课故事汇、红色校史精品主题展等活动，为高校研究生党员开展党史学习教育提供了重要参考。许多高校、院系、党支部也以党建工作示范高校、标杆院系、样板支部的培育创建为契机，凝练总结经验，充分发挥示范带头作用，为研究生党员党史学习教育赋能。

强化研究生党员党史学习教育，是提升研究生个人素养、培育优秀人才的重要手段，也是推动高等教育内涵式发展的内在要求。应通过不断扩展学习边界、丰富学习形式、提升学习质效，探索解决当前研究生党员党史学习教育中存在的不足，确保党史学习教育在研究生党员中落地生根、开花结果。

参考文献：

高丽娜. 新形势下加强研究生党史教育的实践探索［J］. 北京教育（德育），2022（3）：30－34.

柳倩. 研究生党史学习教育常态化长效化的实践路径探究［J］. 现代商贸工业，2023，44（12）：189－191.

盛名，耿锐. 研究生"体验式"党史学习教育的意义、实践及理路［J］. 高校辅导员学刊，2022，14（2）：69－74.

中国式现代化融入研究生思想政治理论课的路径研究[*]

薛一飞　熊鸿杏

(四川大学马克思主义学院　四川成都　610207)

摘　要：中国式现代化理论与思想政治教育具有高度的契合性。中国式现代化为思想政治教育提供了深厚的教育资源，思想政治教育现代化则是中国式现代化的实践要求。研究生思想政治理论课则是高校培养高质量人才，以高质量人才思想的现代化实现中国式现代化要求的有效方式。而新时代系统回答中国式现代化融入高校研究生思想政治理论课"为何融入""融入什么""如何融入"等问题，就成为推进研究生思想政治教育的高质量发展，培养中国式现代化发展所需高级人才必然面对的现实论题。

关键词：中国式现代化；思想政治教育；研究生；思想政治理论课

高等教育发展水平是衡量一个国家发展水平和潜力的重要指标，党的二十大报告将"实施科教兴国战略，强化现代化人才支

---

[*] 本文系党的二十大精神"三进"研究生教学改革专项项目"将中国式现代化融入研究生思政课堂教学的实践路径研究"阶段性成果。

撑"列为国家发展战略之一，高等教育的发展对推进中国式现代化发挥着不可替代的战略作用。研究生培养工作作为高等教育的关键环节，承担着为国家输送高质量现代化人才的重要使命。而研究生思想政治理论课则是研究生思想现代化的根本保障。在党和国家推进中国式现代化探索的新时代，深刻把握中国式现代化的基本内涵，深入挖掘中国式现代化命题中蕴含的思想政治教育资源，将其深度融入研究生思想政治理论课的教学实践，提升研究生思想政治教育的实效，就成为为中华民族伟大复兴提供强化现代化人才支撑的必然举措。

一、为何融入：中国式现代化融入研究生思想政治理论课的现实意义

中国式现代化的理论和实践是高校思政课重要的教学资源，将中国式现代化理论融入研究生思想政治理论课，对于提高研究生思想政治素质、提升思政课育人质量以及推动思政课内涵式发展有着深远意义。

（一）巩固中国共产党的全面领导地位的重要手段

以中国式现代化全面推进中华民族伟大复兴已经成为中国共产党的中心任务。思想政治教育事业作为党的"生命线事业"，要始终围绕党的中心任务展开（戎渊，2023）。高校更肩负着为中国式现代化建设培养高素质现代化人才的教育使命。

研究生作为高校现代化教育的主要对象，其整体素质直接影响着中国式现代化建设进程，特别是研究生的思想政治素质将决定其投身中国式现代化建设实践的政治方向。为了让研究生成长为"坚定不移听党话、跟党走，怀抱梦想又脚踏实地，敢想敢为又善作善成，立志做有理想、敢担当、能吃苦、肯奋斗"的现代化人才，必须深刻把握中国式现代化科学内涵并以其为研究生思想政治理论课教学资源，推动中国式现代化融入研究生思想政治

教育，坚定研究生在党的领导下实现中国式现代化的信念，增强研究生投身中国式现代化建设的政治坚定性，从而为中国式现代化目标的实现提供政治素质过硬的高质量人才保证。

（二）提高研究生思想政治素质的必然要求

习近平总书记在党的二十大报告中指出："广大青年要坚定不移听党话、跟党走，怀抱梦想又脚踏实地，敢想敢为又善作善成，立志做有理想、敢担当、能吃苦、肯奋斗的新时代好青年。"（习近平，2022）将研究生培养成为"新时代好青年"，不仅要重视研究生专业能力的培养，也要高度重视研究生思想政治素质。

通过研究生思想政治理论课向研究生讲授中国共产党带领中国人民探索中国式现代化百年历程，明晰中国式现代化的"源流"之势，能够坚定研究生对党的领导的政治认同，增强以中国式现代化实现民族伟大复兴的信心。中国式现代化不仅加载于中国共产党百年执政的历史，而且意涵了中国制度和体制的独特优势。因此，中国式现代化融入研究生思想政治理论课，能够以理论教育的方式坚定研究生的中国特色社会主义道路、制度自信，这对于研究生锻炼、提升思想政治素质具有重要的现实意义。

（三）落实立德树人根本任务的内在要求

思想政治理论课是高校贯彻落实立德树人根本任务的"主阵地"。中国式现代化理论融入研究生思想政治教育是落实立德树人根本任务的内在要求，分别体现在"立德"和"树人"两个方面。

"立德"是指高校要培养具有中国精神的现代化人才。中国式现代化之所以独具中国特色，一个重要原因就是其承载着中国精神。在研究生思政课上，讲好中国式现代化承载的中国精神，有助于培养以中国精神为内核的现代化研究生人才。"树人"是指培养能够担当民族复兴大任的时代新人。中国式现代化的目标和价值旨向是中华民族伟大复兴。所以，中国式现代化融入研究生思想政治理论课，其目标与中国式现代化的目标相一致，就是要培养能够投身民族复兴的高质量人才。因此，中国式现代化融入研究生思想政治理论课是高校立德树人的内在要求。

二、融入什么：中国式现代化融入研究生思想政治理论课的内容向度

中国式现代化作为科学理论体系，蕴含着丰富的教学资源。通过思想政治理论课讲好中国式现代化，有利于深化研究生对中国式现代化的认知，坚定其对中国制度、中国道路的认同。

（一）讲清中国式现代化的理论内涵，展现中国智慧

把中国式现代化这一理论体系所蕴含的丰富思想内涵讲清楚、讲透彻，是实现将中国式现代化理论与实践融入研究生思想政治理论课的基本前提。一是从历史的维度讲清中国共产党带领中国人民探索中国式现代化的历程，充分彰显党的初心和使命，加强研究生对党的领导的政治认同；二是从理论的维度讲清中国式现代化是对马克思主义现代化理论的继承和创新，充分论证中国式现代化理论的科学性，培养研究生的理论自觉；三是从对比的维度讲清中国式现代化的中国特色和中国智慧，充分展现中国式现代化理论体系的世界意义，引导学生增强"四个自信"。

（二）讲好中国式现代化的中国故事，展现中国精神

中国共产党带领中国人民探索中国式现代化的进程与中国共产党争取革命、建设、改革、发展的百年奋斗历程相重合，中国式现代化融入研究生思想政治理论课，也就是要讲好中国革命、改革和现代化建设的故事。通过讲好这些中国故事，让学生感悟故事背后的中国精神，使其坚定对国家和民族的归属感和认同感。推进中国式现代化融入研究生思想政治理论课，要将中国精神融入教学。一方面，爱国主义是中华民族精神的核心，始终是把中华民族坚强团结在一起的精神力量。在研究生思想政治理论

课上讲好中华民族伟大复兴故事，大力弘扬爱国主义精神。另一方面，改革创新是时代精神的核心，是当代中国最鲜明的时代特征，最能激励中华儿女锐意进取。在研究生思想政治理论课上充分展现改革创新的时代精神，能激发研究生投身中国特色社会主义发展建设的积极性、主动性，凝聚起全面建设中国式现代化的国家力量。

（三）讲明中国式现代化的显著优势，展现中国价值

中国式现代化是在中国共产党领导下探索出来的具有中国特色的社会主义现代化，是马克思主义现代化理论在中国具体实践的理论成果。而在研究生思想政治理论课的教学中，要讲明中国式现代化的优势所在，首先就要辩清中国式现代化对比西方现代化的优势，讲明白中国式现代化始终坚持以人为本的立场对资本逻辑主导的西方现代化的全方面超越。

中国式现代化给世界上其他发展中国家提供了全新的现代化实现方式。中国式现代化是在坚持独立自主的原则上探讨出的适合中国国情的现代化道路，打破了现代化一元论的谬论，丰富和发展了人类文明新形态，彰显了自身独有的时代价值。

三、如何融入：中国式现代化融入研究生思想政治理论课的实践进路

将中国式现代化理论融入研究生思想政治理论课是系统性工程，需要从教学内容的革新、教学方法的改革、教师队伍的提升和教学场域拓展协同推进，发挥思想政治理论课"为党育人，为国育才"的"主阵地"作用。

（一）内容革新：供给"新思想"教学内容体系

一是系统梳理中国式现代化相关问题，重点是搞清楚中国式现代化理论体系中的哪些理论适合融入教学。对中国式现代化的理论要点进行整合，形成系统性的内容体系，为研究生思想政治

理论课提供新的教学内容。二是明确中国式现代化在课程教学中的定位，将中国式现代化理论置于研究生思想政治理论课原有的内容体系，形成新的教学内容体系。例如增设"中国式现代化""马克思主义中国化时代化"等专题，梳理中国式现代化的内在逻辑和发展历程，深化研究生对中国式现代化的认知。三是研究生思想政治理论课进行内容革新的同时，要始终坚持政治宣传和学理阐释并重的原则。在课程教学上突出政治高度的同时，应充分兼顾理论深度、文化温度，切实提升其育人实效。

（二）方法转型：坚持运用"多样化"教学方法

一是要采取专题教学的方式。在专题教学中系统运用专题讲授、节点深化、广泛应用、引领实践以及专业渗透等方式，向学生讲授中国式现代化。二是重视师生互动的教学方式。研究生思想政治课教学的重点不同于本科生的思想政治理论课，本科生思想政治理论注重的是理论知识传授，而研究生思想政治理论课教学注重的是创新性的互动式研讨，以提高学生的课堂参与度。三是研究生思想政治理论课要重视案例教学。中国式现代化是中国共产党总结现代化探索实践的历史经验结晶，其中包含了重要历史时间节点的诸多重大历史事件，通过对中国式现代化进程中重大历史事件的教学，能够以最有证明力的史实鉴证中国式现代化是现实中华民族复兴的必然选择。

（三）场域拓展：筑造"多元化"育人工作阵地

中国式现代化融入研究生思想政治理论课不仅要用好"思政小课堂"，还需拓展研究生思想政治理论课教学新场域。

一是要用好"思政小课堂"，这是实现中国式现代化理论融入研究生思想政治理论课最基本的要求。"思政小课堂"有利于开展集中专题教学，打造高质量"思政金课"。研究生思想政治理论课首先需要综合运用案例和对比分析法把中国式现代化这一教学资源融入教学，通过专题教学做理论集中讲授。二是要利用好"大思政"工作格局,开拓多元化的教育阵地。研究生思想政治理论课不能局限于校内的课堂,而是要融入现代化实践的社会"大课堂"。让研究生在田间劳作、观摩交流、访谈对话中接受社会实践教育,使其在"体验式"教学中深化对中国式现代化的认知,把握中国式现代化未来发展的方向与要求。如此,通过拓展多元化教学渠道,以更具亲和力和感染力的方式推进中国式现代化的理论融入研究生思想政治理论课,才能真正做到入耳入脑,深入人心。

参考文献:

戎渊. 中国式现代化视域下思想政治教育目标预设探析[J]. 思想政治教育研究, 2023(3): 112-117.

习近平. 高举中国特色社会主义伟大旗帜 为全面建设社会主义现代化国家而团结奋斗——在中国共产党第二十次全国代表大会上的报告[M]. 北京: 人民出版社, 2022: 71.

"两个结合"视域下中华优秀传统文化融入高校研究生思政课实现路径研究

邢海晶　冯晓玲

(四川大学马克思主义学院　四川成都　610207)

摘　要："两个结合"是马克思主义中国化的创新性论断。高校研究生思政课在开展马克思主义理论教学过程中，要在"两个结合"视域下将中华优秀传统文化融入教学实践，从知、情、意、行四个维度促进学生实现理论与行动的双重自觉，做到"晓之以理""动之以情""授之以渔""导之以行"，切实增强优秀传统文化融入思政课的实效性，从而建设具有中华优秀传统文化内涵与特质的研究生思政课。

关键词："两个结合"；优秀传统文化；思想政治理论课；研究生

　　在庆祝中国共产党成立100周年大会上，习近平总书记提出，坚持把马克思主义基本原理同中国具体实际相结合、同中华优秀传统文化相结合，由此中华优秀传统文化在马克思主义中国化进程中被赋予了理论与实践创新的新意涵。在文化传承发展座谈会上，习近平总书记强调：只有立足波澜壮阔的中华

---

* 本文系党的二十大精神"三进"研究生教学改革专项项目"'两个结合'视域下中华优秀传统文化融入高校研究生思政课实现路径研究"阶段性成果。

五千多年文明史，才能真正理解中国道路的历史必然、文化内涵与独特优势（习近平，2023）。因此，高校研究生思想政治理论课（以下简称"高校研究生思政课"）必须在坚守马克思主义"魂脉"的基础上探源中华优秀传统文化"根脉"，以文化人、以文育人，通过深入挖掘中华优秀传统文化中蕴含的中国精神培育和坚定研究生文化自信和民族精神信念，切实提升思政课的实效性。

一、"两个结合"为高校研究生思政课创新发展提供了根本遵循

"两个结合"为高校思想政治教育守正创新提供了根本遵循，要求高校思想政治教育同中国具体实际相结合、同中华优秀传统文化相结合，落实"立德树人"根本任务，培养优秀社会主义建设者和接班人。

（一）高校研究生思政课必须"同中国具体实际相结合"

马克思主义是实践性理论，马克思主义的持续生命力也在于其在实践中不断地发展创新。马克思主义中国化就是其实践性的有力鉴证。然而，马克思主义中国化的最本质内涵就是要同中国具体实际相结合，在不断解决中国社会发展所面临的主要矛盾的过程中彰显自身实践的成功，以此赢得人民群众对自身科学性的认同。而高校研究生思政课最核心的内容就是向研究生传授马克思主义科学的认识论和方法论。实现这一目标最有效的方式就是立足于马克思主义实践性本质将其运用于认识世界的实践。因此，高校研究生思政课也要引领学生运用中国化时代化的马克思主义的基本观点、立场和方法，深度思考当代中国所处的历史阶段、社会主要矛盾、阶段性发展目标与未来发展方向，让学生在运用科学理论客观认识中国社会具体实际情况的过程中认同马克思主义的真理性。

（二）高校研究生思政课必须"同中华优秀传统文化相结合"

马克思主义是诞生于西方的理论，其要在中国社会发展成熟，为中国社会所接纳与认可，并发挥自身实践性功能，就需要具备中国作风、中国气派。独具风格与气韵的中华优秀传统文化是中华民族的精神标识，马克思主义只有在坚持自身科学性的同时兼具中华优秀传统文化的价值性，才能在中国化的进程中事半功倍。而高校研究生思政课"同中华优秀传统文化相结合"，是指研究生思政课在坚持马克思主义理论教育的同时，需积极推动中华优秀传统文化有机融入，以文化人、以文育人，增强研究生文化自觉与文化自信。这不仅是马克思主义理论内生性要求，而且是提升研究生思政课实效的客观需要。高校研究生思政课结合教学内容，充分挖掘优秀传统文化的时代价值，创新融入契合度较高的优秀传统文化，一是丰富思政课教学中的中华优秀传统文化内容；二是提升学生传统文化素养，在中华优秀传统文化与文化现代化的张力平衡中确立坚定文化自信与理论自信。

二、中华优秀传统文化融入高校研究生思政课的目标旨向

中华优秀传统文化是中华民族文化软实力的重要组成部分。将中华优秀传统文化与研究生思政课教学进行全方位有机融合，是高校研究生思政课改革创新的方向，而知、情、意、行四个维度则是推动有机融合的切入点。

（一）"晓之以理"

中国共产党向来是中华优秀传统文化的继承者和弘扬者。毛泽东以"有的放矢"一词来说明马克思列宁主义同中国革命实际相结合的重要性，将马克思主义一切以具体的条件为转移的理论同中国古代"知行观"结合起来，赋予"实事求是"以崭新的内涵。邓小平提出建设小康社会的奋斗目标，是对凝结于中华优秀传统文化中人民向往的小康理想社会的继承和超越。习近平深刻把握中华民族自古以来爱好和平、主张协和万邦的文化基因，提出构建"人类命运共同体"，实现了对中华优秀传统文化中"和合"思想的继承和超越。中国共产党人以马克思主义赋予优秀传统文化新的生机活力的同时，也进一步推动了马克思主义的中国化时代化。研究生思政课教师要讲明白、讲透彻马克思主义与优秀传统文化相结合的内在逻辑，引导学生主动思考如何用马克思主义基本原理创新发展中华优秀传统文化。

（二）"动之以情"

中华优秀传统文化蕴含了强烈的社会责任意识。在中华优秀传统文化中，个人、家庭、国家和民族是紧密联结在一起的，仁人志士都追求"修身齐家治国平天下"的远大志向。如今中国正处于实现中华民族伟大复兴的关键期，更需要青年人胸怀天下、勇担社会责任。同时，中华优秀传统文化中也蕴含了积极的人生态度。处在社会加速变革的历史阶段，研究生在学习、工作、生活中面临的困难考验更加复杂严峻，思政课要注重引导研究生"自强不息、厚德载物"。中华优秀传统文化同样蕴含了改革创新精神。创新是社会发展的动力。"苟日新，日日新，又日新"，中华民族自古就有自觉的改革创新意识，是千年来民族旺盛生命力的源泉。研究生是思想活跃、知识层次较高的青年群体，是推动社会改革创新的重要力量之一，以中华优秀传统文化激发其改革创新意识，激励其奋斗拼搏精神，是引导其意识到所肩负民族复兴历史责任的有效方法。

（三）"授之以渔"

研究生主要是开展探究性学习，要能够运用马克思主义立场、观点和方法分析问题和解决问题。中华优秀传统文化中蕴含着丰富的马克思主义唯物、辩证的思想。因此，研究生思政课教授中华优秀传统文化是培养其掌握马克思主义精髓的有效途径。

从历史上看，中华优秀传统文化中的辩证思维早在先秦时期就有所体现，如孔子提出的"过犹不及""刚柔并济"的中庸之道，老子提出的"以柔克刚""福祸相依"的对立统一思想，荀子提出的"不积跬步，无以至千里"的量变质变规律等。这些辩证法思想指导中国人民正确认识世界和改造世界。而中华优秀传统文化中"天行有常，不为尧存不为桀亡"之社会历史发展规律则揭示了历史前进性背后的伦理正义性，这成为研究生思政课教育中阐释马克思主义理论真理性与价值正义性统一的有力佐证。我国古代辩证法思想与马克思主义辩证法有着内在本质联系，将二者融为一体，使得马克思主义唯物辩证法更有民族气息，不断开辟马克思主义中国化时代化新境界，为学生分析问题和解决问题提供方法论指导。

（四）"导之以行"

马克思主义是实践性理论，这与中华优秀传统文化的"千里之行，始于足下"的务实精神相契合。而研究生科学研究最根本的门径就是调查研究，把文章作在祖国大地上。因此，研究生思政课教育必须引导学生立足"两个大局"，大兴调查研究之风，增强学生对世情、国情和党情的把握，做好学问、解真问题。培养学生树立"和而不同""美美与共"的理念。思政课教师应引领学生正确看待世界发展的多样性，从而在坚定自身发展道路、制度和体制的同时，尊重他国的选择、尊重他国文明，并积极吸收外来优秀文化成果，在文明互鉴中推动世界共赢发展。

三、中华优秀传统文化融入高校研究生思政课的实践路径

"'融入'是指传统文化的概念范畴、理论观点、思想观念、程序方法、意象表达等经过移植借用、结合转化、类比隐喻等方式渗入大学德育中。"（曾誉铭，2022）将中华优秀传统文化融入高校研究生思政课不是强硬的焊接，更不意味着以二元对立将一方同质化。促进中华优秀传统文化更好地融入高校研究生思政

课，主要从加强教师队伍建设、注重实践教学效能、守住网络教育阵地三方面优化实践路径。

（一）加强教师队伍建设

由于思政课教师的学科背景多是马克思主义理论专业，对中华优秀传统文化系统性研究不够，这直接影响了中华优秀传统文化融入思政课的实效性。因此，提升教师中华优秀传统文化理论修养是解决这一问题的首要对策。为此，学校应建立常态化思政课教师优秀传统文化素养培训机制，采用集体备课会等方式提高教师优秀传统文化理论储备，提高教师有效利用优秀传统文化培根铸魂的能力和水平。同时，思政课教师要自觉钻研传统文化经典，深度挖掘优秀传统文化的时代价值以及与教学内容的契合所在，结合学生专业背景将优秀传统文化研究最新成果引入课堂，提高学生课堂参与度与积极性。

（二）注重实践教学效能

实践教学是高校思政课教学的重要环节，实践教学相对于课堂教学更加形象、可感、有趣，有助于提升融入的教学效果（陈爱萍，刘焕明，2020），因此必须充分发挥实践教学的特殊效能。当前，高校研究生思政课实践教学的实施力度不够，学生对优秀传统文化的体认不足，在一定程度上削弱了优秀传统文化融入思政课的有效性。中华优秀传统文化以多种形式存在，如制度、人文精神、道德、器物等，要在实践教学中引导学生多维立体感悟中华优秀传统文化根本精神与价值。一是促进优秀传统文化"进校园"。如邀请非遗传承人、道德模范先锋等走进校园，开展传统文化培训班、艺术展演等活动；邀请知名学者、国学大师举办学术讲座、学术论坛和学术沙龙等，让学生身临其境感受优秀传统文化的魅力，提升对传统文化的认同感，进而反思其创造性转化、创新性发展问题。二是积极组织学生"出校园"，依托当地文化馆、博物馆、文化遗址等文化场所进行现场教学，增强教学实效性；到历史名城、文化古村落、传统村落等文化底蕴较为深厚的地区开展民风民俗等文化调研，鼓励学生积极助力乡村文化振兴。

（三）守住网络教育阵地

研究生已经习惯于网络化生存，利用网络新媒体平台对优秀传统文化进行宣介，既能提升研究生文化修养，还能更好地服务于网络意识形态教育，抵制错误思潮影响，建设社会主义网络文明。一是搭建线上教育平台和师生交流通道，如通过微信公众号向学生推送有关优秀传统文化的文章和视频等；建立QQ群或微信群，使教师跟学生即时探讨和交流有关优秀传统文化的学习心得和体会等，拉近师生距离，促进教学相长。二是中华优秀传统文化内涵丰富，既涉及哲学社会科学，还包括自然科学，为思想政治教育提供丰富教学资源。高校各部门要形成协同育人合力，结合各学科的教学内容和特点深度挖掘优秀传统文化中的思政元素，构建网络"大思政"格局。

通过"两个结合"将优秀传统文化融入高校研究生思政课，要将政治性与研究性结合起来，从而激发思政课的感染力与感召力，切实增强思政课立德树人之实效。

参考文献：
陈爱萍，刘焕明. 中华优秀传统文化融入高校思想政治理论课的实践路径[J]. 思想教育研究，2020（9）：108−111.
习近平. 习近平谈治国理政：第四卷[M]. 北京：外文出版社，2022：10.
习近平. 在文化传承发展座谈会上的讲话[J]. 求是，2023（17）：11.
曾誉铭. 中华优秀传统文化融入高校思政课的理论思考与实践探索[J]. 思想战线，2022，48（5）：163−172.

党建思想引领，志愿薪火传承
——电气工程学院研究生志愿服务开展路径思考与探索

张 瑾 黄梦婵 黄 龙

(四川大学电气工程学院 四川成都 610065)

摘 要：本文针对新时代工科研究生群体，探讨了工科研究生志愿服务工作的重要意义与发展现状，并立足于时代需求与现存不足，以四川大学电气工程学院为例，阐述了党建引领下工科研究生志愿服务专业化、创新化的开展路径。

关键词：党建；工科研究生；志愿服务

2021年，中共中央印发修订版《中国共产党普通高等学校基层组织工作条例》，明确提出坚持高校党的建设与人才培养、科学研究、社会服务、文化传承创新、国际交流合作等深度融合，为高校改革发展稳定、完成党和国家重大战略任务提供思想保证、政治保证、组织保证。近年来，我国研究生招生规模始终呈现快速增长趋势，其中工学招生尤为突出。工科研究生教育肩负着高层次人才培养和创新创造的重要使命，志愿服务工作作为实践育人重要平台，对提高新时代工科研究生思想觉悟与综合素质起到不可忽视的作用（田荫，马建青，2023）。高校以党建为思想引领，工科学院大力开展研究生志愿服务工作，推动实践育人工作深化，是新时代落实立德树人根本任务的重要环节。然而，如何调动工科研究生的参与积极性、发挥其创造性能力并使其收获成长意义，成为工科研究生志愿服务工作开展过程中的一大挑战。工科研究生作为高层次工程技术人才，既要具备专业学科的知识储备和科研能力，又应发挥专业所长、投身社会服务与建设，成为有理想担当的时代新人（何海洋，2023）。因此，高校工科学院坚持党建引领，认真落实立德树人根本任务，扎实推进"时代新人铸魂工程"建设，探寻工科研究生志愿服务工作在"实践育人"与"专业特色"之间的创新性融合方式，正是亟待探索的发展路径。

一、新时代研究生志愿服务的重要意义

（一）志愿服务有助于培养担当民族复兴大任的时代新人

习近平总书记在党的二十大报告中提出"着力培养担当民族复兴大任的时代新人"的重要要求，并寄望新时代的青年人"立志做有理想、敢担当、能吃苦、肯奋斗的新时代好青年"。

研究生是青年人才的重要组成部分，而高校研究生党支部是党组织团结引领广大青年的重要阵地。志愿服务作为基层党建工作的重要载体，对培养研究生的担当精神起着至关重要的作用。志愿服务是一项具有自愿性、服务性的社会实践活动，新时代为志愿服务赋予了新的内涵，同时也提出了新的要求。新时代志愿服务以习近平总书记志愿服务重要论述为引领，充分调动研究生的志愿积极性，立足于社会需求，运用专业知识提升实践能力，在服务的过程中强化为人民服务的奉献意识，有助于培育研究生的社会责任感与勇于担当的精神，引导研究生树立远大理想，自觉承担起民族复兴大任，争做时代新人（周禄涛，2023）。

随着新时代研究生社会责任意识培育的不断深化，新时代志愿服务不仅激发了研究生参与社会实践的主观自觉性，更强化了研究生对新时代中国的认同感与归属感，激励广大研究生积极投

身中国式现代化建设，为实现中华民族伟大复兴的"中国梦"不断贡献青春力量。

（二）志愿服务是践行社会主义核心价值观的重要途径

社会主义核心价值观是社会主义核心价值体系的内核。党的十八大提出，倡导富强、民主、文明、和谐，倡导自由、平等、公正、法治，倡导爱国、敬业、诚信、友善，培育和践行社会主义核心价值观。志愿服务所遵循的"奉献、友爱、互助、进步"精神与社会主义核心价值观所倡导的价值理念高度契合，无论是从国家层面、社会层面还是公民个人层面，新时代研究生志愿服务凭借其"实践育人"的特性成为践行社会主义核心价值观的有效载体与重要途径。

新时代研究生通过参与志愿服务，强化了对社会主义核心价值观的认知与认同，并将其"内化于心"，反馈于志愿服务行为，真正地做到"外化于行"。在多元的实践中收获、提炼与反思，提升了新时代研究生的思想认识与能力水平，这个过程生动地诠释了将社会主义核心价值观的"知"与志愿服务的"行"相融合的"知行合一"，进一步增强了社会主义核心价值观的生命力与影响力。

（三）志愿服务推动研究生综合素质全面发展

新时代的研究生教育必须在增强综合素质上下功夫，教育引导学生培养综合能力，培养创新思维。综合素质由衡量学生发展的多方面能力素养组成，是一种系统性的综合能力。综合素质能力的培养对注重科研探究与创新发展的研究生群体至为关键。

2021年共青团四川省委等11家单位联合发布的《关于进一步深化青年志愿服务改革推动志愿服务制度化常态化的通知》明确提出，要将大学生学年度志愿服务情况作为申领综合素质A级证书的必要条件，并将其纳入综合素质评价的重要指标。由此可见，志愿服务对学生综合素质的培养起到了不可或缺的作用。

高校志愿服务工作是研究生接触社会的重要途径，在服务实践的过程中，研究生能够锻炼组织协调、沟通表达、解决问题和创新实践等多方面能力，在实践中完成专业理论知识的转化，不断增强综合素质。

二、新时代工科研究生志愿服务现状分析

（一）新时代研究生志愿服务发展现状

目前，志愿服务的发展程度已成为反映社会文明进步的重要标志，习近平总书记多次给青年志愿者回信，勉励志愿者以青春梦想为人民奉献，成为有理想担当的时代新人。

为积极响应习近平总书记的号召，四川大学青年志愿者协会以社会主义核心价值观为指导思想，立足校园、面向社会，形成了"一级响应、三级管理、百花齐放"的志愿服务工作模式。协会的志愿服务活动已涵盖社区服务、医疗援助、环境保护、教育扶贫和大型赛会等项目。在学校青年志愿者协会的感召下，我院也积极摸索与思考工科学院研究生志愿服务的新思路和新模式。

2023年第31届世界大学生夏季运动会成功在蓉举办，我院研究生志愿者有幸参与盛会，"小青椒"们运用所学知识与技能，充分展现了有理想、敢担当、能吃苦、肯奋斗的昂扬风貌，以青春之活力弘扬志愿之精神，向世界展现中国青年的风采。

（二）工科研究生对志愿服务认知不足

工科研究生的培育更注重实用性和功能性，考核多以科研成果为主，存在较为缺乏人文素质的问题。同时，工科研究生在科研生活中存在以课题组为单位的分散性，集体意识相较本科阶段进一步减弱（王铂钧，商淼，孙巍巍等，2023）。

因而，在高校党建思政工作的推动过程中，工科研究生因其较强的自主独立性，对"奉献、友爱、互助、进步"的志愿精神

存在理解不够深刻的情况；同时，较重的科研压力进一步削弱了研究生们参与志愿服务的主观意愿，这就导致志愿精神在工科研究生层面难以贯彻落实，难以将其内化为学生参与志愿服务的动力。

新时代的志愿服务，其精神内涵也在衍化发展。青年奉献社会服务，志愿工作反促青年成长，是一种双向的良性互动。在新时代志愿服务的过程中，青年锻炼了现实所需的综合实践素质，收获了充盈精神的满足感，更重要的是还培育了社会责任担当的意识与能力。针对工科研究生志愿精神理解不够深刻的现状，提升工科研究生对新时代志愿服务的理念认知，有助于丰富其对志愿服务内容形式的想象力，进一步在工科研究生群体中营造志愿共识。

（三）工科研究生志愿服务工作趋于同质化

目前，工科研究生开展的志愿服务类型主要集中在社会公益、环境保护、社区发展等方面，服务内容较为单一。

志愿服务内容的相对单一，导致大量的志愿服务流程单调、相似度高，这不仅抑制了工科研究生参与热情、专业优势和创新潜能的充分施展，而且导致了相应志愿服务的价值和影响力受到一定程度的限制。此外，简单机械地重复开展志愿服务造成了社会资源的浪费，创新性的缺乏也使得志愿服务得天独厚的优势逐渐减弱。

在新一轮科技革命和产业变革的背景下，科技创新进入密集活跃期，工科研究生作为高科技领域的重要人才群体，承载着更大的社会责任和使命，应积极适应这一趋势。因此，传统的志愿服务无法充分激发工科研究生的专业特长与创新能力，难以形成特色化的志愿服务品牌与专业化的志愿服务模式，也无法满足多元化的社会需求。

三、党建引领工科研究生志愿服务开展路径探索

（一）弘扬中华优秀传统文化，汲取志愿服务丰富内涵

在文化传承发展座谈会上，习近平总书记强调：在五千多年中华文明深厚基础上开辟和发展中国特色社会主义，把马克思主义基本原理同中国具体实际、同中华优秀传统文化相结合是必由之路。在高校党建工作中融入中华优秀传统文化，并由志愿服务这一平台充分发挥中华优秀传统文化的时代价值，此举既能弘扬中华优秀传统文化，又能推动党建工作提质增效。新时代工科研究生更应认识到先进科技与传统文化之间的依存关系，推动传统文化志愿服务工作的开展。

四川大学电气工程学院积极推动传统文化志愿服务，于元宵、冬至等传统佳节组织研究生前往养老院开展敬老志愿服务活动。尊老敬老是中华民族的传统美德，我院研究生在尊重传统节日习俗的基础上，充分了解当地老人的生活方式与兴趣爱好，将匠心与爱心相结合，设计了观赏式与互动式的活动环节。如在元宵敬老志愿服务活动中，我院研究生以脍炙人口的黄梅戏唱段引发老人们的精神共鸣，由形至魂多层次感悟中华优秀传统文化的独特魅力。又如在冬至敬老志愿服务活动中，我院研究生充分发挥书法才艺献上节日祝愿，现场气氛引发老人泼墨挥毫的兴致，写下殷殷寄语。工科研究生志愿服务工作以中华优秀传统文化之魂贯穿始终，既涵养了新时代的志愿精神，更培育了研究生作为新时代传统文化传承者的责任使命。

（二）充分融合工科特色优势，丰富志愿服务工作创新

当前，我国已进入高质量发展阶段，高校志愿服务应主动适应时与势的变化，引导高校研究生积极发挥专业优势、创新服务内容，增强研究生志愿服务的青春活力与社会价值。工科研究生作为复合型高层次工程人才，具有完善的专业知识储备和创新性

的专业实践技能，依托工科专业特色开展志愿服务，是突破单一化志愿服务内容的重要方式。

以武侯区社区居民为服务对象，针对老社区用电安全隐患的问题，四川大学电气工程学院开展了电力知识科普与用电安全排查主题志愿工作，充分发挥电气工程专业所长，以场景化实例普及电学基本知识，从源头提升社区居民的用电安全意识和危机处理意识。由知识入实践，由宣讲之"静"入走访之"动"，通过走访调查街道商铺，我院研究生志愿者进一步普及用电防火常识、排查安全风险隐患，为筑牢社区消防安全"防火墙"添砖加瓦。

（三）推动支部共建朋辈领航，助力志愿工作持续发展

对于高校研究生教育工作，坚持以党建引领志愿服务发展，推动党支部共建工作与志愿服务互融共促，有助于培育研究生党员的综合性思维能力，进一步促进高校志愿服务工作的高质量发展。四川大学电气工程学院研究生党支部积极联合法学院党支部于"世界孤独症关注日"开展自闭症儿童关爱志愿活动，通过支部结对各施所长、沟通配合，辅助工作人员矫正自闭症儿童的感统失调，同时进一步加强我院研究生与其他学院的学习交流，开阔了研究生多学科视野。

为进一步发挥党员先锋模范作用，四川大学电气工程学院在各党支部选拔一批优秀研究生党员树立典型，发挥朋辈的力量带领研究生综合发展。通过优秀党员理论宣讲、志愿实践等方式开展启发式教育，分享学业、生活等各方面经验，结合专业开展各类志愿工作，加强朋辈之间的交流并提高志愿服务工作质量，充分发挥研究生的主体性与朋辈互助效能，提升学院志愿工作的对内凝聚力，助力研究生志愿服务组织的可持续性发展。

四、总结与展望

新时代,党建引领下的高校工科研究生志愿服务工作是为党育人的重要社会实践方式,具有推动研究生成长成才、担负民族复兴重任的作用。随着科技革命进程加快,工科研究生志愿服务的时代意义与精神内涵也随之变化,呈现出诸多新的发展趋势。因此,工科研究生志愿服务工作应面向时势所需,立足专业特色,落实立德树人根本任务,大力弘扬志愿服务精神,扎实推进"时代新人铸魂工程"建设。四川大学电气工程学院将坚持党建思想引领,志愿薪火传承,推动工科研究生志愿服务工作创新性开展,持续探索与践行新时代志愿服务发展路径,培养研究生去浮躁、长本领、强务实的作风,全方面促进"德才兼备"的高素质人才培养,承担高校在实现我国高质量发展中的责任。

参考文献:

何海洋."双一流"建设背景下研究生基层党建的创新路径——以工科院校为例[J].南京邮电大学学报(社会科学版),2023,25(2):91-98.

田蕊,马建青.党建引领下高校志愿服务育人工作的提升进路[J].学校党建与思想教育,2023(22):67-70.

王铂钧,商淼,孙巍巍,等.新时代工科研究生党建组织价值引领体系建设路径探究——以东北大学材料科学与工程学院研究生党员教育管理实践为例[J].才智,2023(32):117-120.

周禄涛.新时代大学生志愿服务高质量发展研究[D].福州:福建师范大学,2023.

国际中文教育专业学位研究生"三进"工作的探索与实践[*]

李倩[1] 张杰[2]

(1 四川大学文学与新闻学院 四川成都 610207;
2 四川大学海外教育学院 四川成都 610064)

摘 要:为进一步落实立德树人根本任务,全面推进习近平新时代中国特色社会主义思想进教材、进课堂、进头脑,四川大学国际中文教育在专业学位研究生培养过程中,始终坚持和加强党的全面领导,坚持高标准严要求,以"三进"工作统领教育教学改革,坚持"大思政"工作格局,夯实"三进"工作保障体系,助力国际中文教育内涵式发展。未来,在新文科建设的大背景下,推进"三进"工作与国际中文教育深度融合,要从创新驱动、以人为本、交叉融合等方面努力,将"三进"工作做实做细,将国际中文教育事业做大做强。

关键词:国际中文教育;三进;实践

---

[*] 本文系四川大学党的二十大精神"进教材、进课堂、进头脑"研究生教学改革专项资助项目"二十大精神引领下国际中文教育研究生人才培养实践与创新研究"(SJYJ2023023)的阶段性成果。

国际中文教育是面向中文作为第二语言的学习者的教育，由"汉语国际教育"及更早的"对外汉语教学"演变而来。而国际中文教育专业学位研究生的培养同时面向中国学生和留学生，其目标定位是培养从事国际汉语教学与汉语国际推广等工作的双语型、跨文化、复合型、实践型专门人才。为进一步落实立德树人根本任务，全面推进习近平新时代中国特色社会主义思想进教材、进课堂、进头脑（简称"三进"），四川大学国际中文教育在专业学位研究生培养过程中，坚持从实际出发，通过理论讲授与教学实践，对回答好"为什么进、进什么、怎么进"等基本问题进行了有益的探索。

一、"三进"工作与国际中文教育专业相结合的重要意义

国际中文教育既是一门新兴的学科，更是一项关乎国家和民族的事业。中国是汉语的母语国，理应为中文的世界教学和国际传播贡献"中国经验"，提供"中国方案"。2021年，《国际中文教育中文水平等级标准》（GF0025-2021）的发布，从汉语语言教学的角度，为国际中文教育学科的发展提供了标准和支撑。而"三进"工作的深入推进和落实，则可以为国际中文教育事业的长远、健康发展提供方向和保障。

"三进"工作不仅是一项重大的政治任务，更是一项复杂、系统的战略工程。将"三进"工作与国际中文教育相结合，既能有效增强中国学生对习近平新时代中国特色社会主义思想的政治认同、理论认同、情感认同，进一步坚定爱党、爱国、爱社会主义的理想信念，又是厚植留学生知华、友华、爱华情怀，塑造积极正面中国形象的有效途径。

习近平新时代中国特色社会主义思想是马克思主义在新的历史条件下与我国社会主义现代化建设相结合的重大理论成果，是关于新时代坚持和发展什么样的中国特色社会主义，怎样坚持和

发展中国特色社会主义的重要方略（何建宁，2020）。它"是在新时代伟大实践中为了回答重大时代课题而创立和不断发展的"，"是当代中国马克思主义、二十一世纪马克思主义"（肖贵清，2013）。深入学习贯彻习近平新时代中国特色社会主义思想，是教育工作者的重要使命，也是所有国际中文教育从业者的光荣担当。我们要从党和国家事业发展全局的高度，坚持把立德树人作为教育的根本任务，推进国际中文教育学科和事业同实现高质量发展相适应。

坚持"三进"工作与国际中文教育相结合，就是要以中国特色社会主义为主线，帮助中外学生更加全面地认清国际和国内格局，准确把握发展大势，明确中国特色社会主义"从哪儿来、到哪儿去、如何去"等问题。在思想上坚定"四个自信"的同时，使其学会辩证地看问题，用系统思维和全局的眼光来观察并审视当代中国的发展，从而深刻领悟习近平新时代中国特色社会主义思想的内涵。这就意味着，在从事国际中文教育工作的过程中，教育工作者既要讲解汉语知识，更要传播中华文化；既要讲授古代中国，更要宣传当代中国，要在课堂讲授、教材编写等环节，自觉地将习近平新时代中国特色社会主义思想融入其中，将"三进"工作做好、做细。

二、"三进"工作是培养国际中文教育高素质人才的重要途径

四川大学是国内首批汉语国际教育（现更名为"国际中文教育"）专业学位硕士研究生人才培养单位之一（隶属于文学与新闻学院），同时也在博士研究生阶段自设了汉语国际教育专业（代码 0501Z3）。学校和学院高度重视国际中文教育硕、博士研究生的培养，将"三进"工作作为重大政治任务，从培养方案设置、课程体系建设到教材选用编写、教学内容设计等环节，都进行了周密的部署，保证"三进"工作落到实处，并形成了一定的特色经验。

第一，坚持和加强党的全面领导，以"四个坚持"为基本原则，深入推进"三进"工作。坚持"动态进、全面进、系统进、深入进"是习近平新时代中国特色社会主义思想"三进"的基本原则（曹淑敏，2020），也是做好国际中文教育专业学位研究生人才培养的"总指挥"。具体来说，首先，要引导教师持续关注时代的发展，通过深入学习党和国家的最新政策、文件，学习习近平总书记最新讲话精神，从中汲取养分，不断加强理论修养，提高思想境界，并适时将其转化为教学资源，不断完善课程内容和教学体系。其次，要将"三进"工作全面融入国际中文教育的课程体系，特别是一些文化类、通识类课程，同时还要探索与专业课程相结合的路径，实现各类课程同行同向的育人效应。再次，"三进"工作要坚持循序渐进。根据学生的个性特点和学习的阶段性差异，将习近平新时代中国特色社会主义思想进行由表及里、由易及难地融入，使学生能够形成系统性、多维度认知。最后，"三进"工作要紧密结合时代发展的大环境、大趋势，站在国际中文教育的最前沿，将汉语的知识讲解与研究生思维训练、品格修养联系在一起，通过长期的深入学习，切实提升习近平新时代中国特色社会主义思想的铸魂育人效果。

第二，坚持高标准严要求，以"三进"工作统领教育教学改革，注重高质量发展。国际中文教育学科的发展离不开高质量的教育教学工作，为此，四川大学精心设计了全方位的育人格局。首先，在课程育人方面，无论是专业课、技能课还是案例课、实践课，无论是必修课还是选修课，授课教师都能主动将习近平新时代中国特色社会主义思想融入课堂。这不是生搬硬套教条式灌输，而是以一种润物细无声的方式将其引入教学的各个环节，特别注重运用具有中国特色的表达，传播当代中国的现实，从而让新时代的中国走向世界,让世界认同中国。其次,在项目育人方面,提倡并鼓励教师积极进行教改研究。近年来已有"二十大精神引领下国际中文教育研究生人才培养实践与创新研究""国际中文教育专业课程体系与教育资源建设研究""国外汉语课堂教学案例库建设"等项目成功立项。再次,在实践育人方面,依托四川大学海外教育学院和泰国、韩国等国家的孔子学院、孔子课堂,为国际中文教育研究生人才培养提供了多元的实践平台和机会。在新冠疫情暴发之前,我校每年有三十余人可以派到海外的孔子学院教授汉语。受疫情影响,近几年虽然外派人数有所下降,但在师生的共同努力下,国内高校以及从事国际中文教育有关公司的资源得以成功拓展,为研究生的实习实践建立了新的平台。最后,在科研育人方面,国际中文教育专业的师生在开展"三进"工作的过程中,围绕新时代国际中文教育和中文国际传播等主题,积极做好学术研究,发表相关成果,并鼓励研究生围绕上述主题撰写了多篇相关毕业论文。

第三,坚持"大思政"工作格局,夯实"三进"工作保障体系,助力国际中文教育内涵式发展。为切实提高国际中文教育人才培养过程中"三进"工作的成效,四川大学从导师队伍建设、课堂教学规范、课程质量评价等方面不断改进,确保工作实效。一是抓好研究生导师队伍建设。导师是国际中文教育专业学位研究生人才培养的主要实施者,理应成为习近平新时代中国特色社会主义思想的坚定信仰者、积极传播者、模范践行者。要坚持"大思政"的工作格局,充分发挥导师的引领作用,构建以导师为核心,同时将辅导员、任课教师、教务老师和其他管理人员纳入其中协同发力的育人体系。二是加强课堂管理,规范教学行为。众所周知,"学术研究无禁区,课堂讲授有纪律"。国际中文教育专业研究生的课堂同时面向中外学生,这要求我们必须根据国家的法律法规,建立健全课堂教学管理办法,严明课堂教学意识形态安全底线和红线，做一名新时代的四有好老师。三是完善课堂教学评价标准，构建质量评价体系。一般而言，基于师生反馈的教学效果是评价一堂课或一门课的直接指标。除此之外，考察"三进"工作效果还需要探索构建包括思想引导、价值判断等在内的指标体系，即在专业知识传授之外，还要注重任课教师的思想理论教育和价值引领。

三、推进"三进"工作与国际中文教育深度融合的进一步思考

2020年，教育部召开新文科建设工作会议，正式吹响了新文科建设的集结号。会上发布了《新文科建设宣言》，从提升综合国力、坚定文化自信、培养时代新人、建设高等教育强国、文科教育融合发展五个方面提出了新文科建设的重要性和紧迫性（金祥荣，朱一鸿，2022）。时至今日，这已经成为中国高等文科教育的风向标。国际中文教育事业发展和学科建设都必须以此为指引，持续推进"三进"工作研究生人才培养的深度融合。

第一，创新驱动。国际中文教育的目标定位绝不仅仅是培养只懂得中文语法知识的语言"教书匠"，而是要培养具有独立思想、创新精神和卓越的跨文化传播能力的创新型人才。因此，培养单位要以创新为首，将"三进"工作与国际中文教育人才培养、科学研究和社会服务相融合，通过创新教学模式、培养模式和评价模式，建立一支政治素质硬、业务水平精、创新意识强、交流能力高的国际中文教育队伍。

第二，以人为本。教育行业归根结底是要培养"人"，要以人才培养作为第一要务，进一步构建全员、全程、全方位的育人模式，做好"三进"工作，将课程思政做细做实。同时，国际中文教育专业是一门实践性很强的学科，每一个研究生都必须走上

讲台，走进留学生中，才能切实体会汉语的魅力，感受汉语教学事业的伟大之处。培养单位要创造条件为学生提供各种平台和渠道，构建创新教育生态圈，提高就业率。

第三，交叉融合。作为新文科建设"三大抓手"之一的"专业优化"即明确提倡"推进学科交叉融合"。国际中文教育虽然隶属于教育学门类，但它和马克思主义理论、中国语言文学、新闻传播学以及社会学、心理学等学科都有相通之处。要在推动"三进"工作的同时，整合优势资源，加强学科交叉融合，建设优势特色方向，做大做强国际中文教育事业。

四、结语

面对百年未有之大变局，国际中文教育在面临着诸多挑战的同时，也孕育着重大的发展机遇。四川大学在国际中文教育专业学位研究生的人才培养过程中，全面推进"三进"工作，将人才培养与国家发展紧密结合，坚持以课堂教学为阵地，以实习实践为平台，不断完善课程体系和评价体系，为培养精通汉语教学和跨文化交流理论与实践、具有高超的"讲好中国故事、传播好中国声音"能力的高素质国际中文教育人才而不懈奋斗。

参考文献：

曹淑敏. 习近平新时代中国特色社会主义思想"三进"的原则、内容与方案［J］. 中国高等教育，2020（5）：15－17.

何建宁. 习近平新时代中国特色社会主义思想"三进"的四重逻辑［J］. 思想政治教育研究，2020（10）：7－11.

金祥荣，朱一鸿：新文科建设：背景、内涵与路径［J］. 宁波大学学报（教育科学版），2022（1）：18－21.

肖贵清. 推动习近平新时代中国特色社会主义思想"三进"工作落在实处［J］. 人民教育，2013（18）：6－9.

高校推进党的二十大精神入脑入心研究综述与展望[*]

黎红友　李贝贝

（四川大学网络空间安全学院　四川成都　610064）

摘　要：推进党的二十大精神入脑入心是当前高校的重要任务。系统梳理高校推进党的二十大精神入脑入心研究意义重大。为了全面客观地反映高校推进党的二十大精神入脑入心研究的相关情况，本文以CNKI数据库中收录的期刊文献为样本，采用文献计量学等方法，对文献的研究力量和研究热点进行分析。通过对研究现状的梳理分析，揭示高校推进党的二十大精神入脑入心的研究特征和发展趋势，并在此基础上进行反思，以促进高校推进党的二十大精神入脑入心工作的创新发展。

关键字：党的二十大精神；入脑入心；文献计量学

---

[*] 本文系四川大学党的二十大精神"三进"研究生教学改革专项"协同视域下高校研究生中推进党的二十大精神入脑入心研究"（项目号：SJYJ2023031）、教育部人文社会科学研究专项任务项目（高校辅导员研究）"基于大数据的辅导员精准思政路径研究"（项目号：21JDSZ3142）阶段性成果。

一、研究文献收集与研究方法

（一）文献收集

研究文献来源于中国学术期刊网络出版总库（CNKI），文献的检索条件：主题词为"高校"和"党的二十大精神"的组合，文献检索时间为 2024 年 3 月 22 日，检索条件设置为精确。共检索到高校推进党的二十大精神研究文献 115 篇，这 115 篇研究文献为本文研究的有效样本。

（二）研究方法

本文从年代分布、发文机构、来源期刊、高被引文献等角度对 115 篇高校推进党的二十大精神入脑入心研究文献进行计量学分析，通过定量数据展示该领域的研究力量，进而揭示高校推进党的二十大精神入脑入心的研究趋势。通过 115 篇研究文献的高频关键词统计以及对重要文献的阅读，归纳高校推进党的二十大精神入脑入心的研究热点。

二、高校推进党的二十大精神入脑入心研究文献的文献计量分析

（一）研究文献的年代分布

对高校推进党的二十大精神入脑入心研究文献的年代分布进行统计，得到图 1。2022 年 10 月 16 日至 10 月 22 日，中国共产党第二十次全国代表大会在北京召开。中共中央在 2022 年 10 月 29 日出台《中共中央关于认真学习宣传贯彻二十大精神的决定》，文件要求把全党全国各族人民的思想统一到党的二十大精神上来，把力量凝聚到党的二十大确定的各项任务上来。高校要推动党的二十大精神进教材、进课堂、进头脑。2022 年总计发表相关文献 7 篇；2023 年发表相关文献 95 篇，增长速度非常快；截至文献检索的 2024 年 3 月 22 日，2024 年总计相关文献

13篇。伴随高校落实党的二十大精神"三进"的推进,高校推进党的二十大精神入脑入心的研究将更加深入,实践将更加落地。

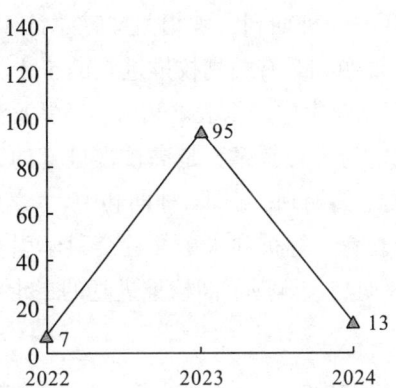

图1 高校推进党的二十大精神入脑入心研究文献年代分布图

(二)研究文献的发文机构

表1是2022年到2024年高校推进党的二十大精神入脑入心研究文献发文量超过2篇的研究机构,这10所高校是该领域的主要研究机构,共计发文量为22篇,占总发文量的19.13%。这10所高校包括国内的重点高校,例如重庆大学、南京师范大学等。

表1 高校推进党的二十大精神入脑入心研究文献发文机构

序号	发文机构	数量	序号	发文机构	数量
1	重庆大学	4	6	武汉船舶职业技术学院	2
2	南京师范大学	2	7	沈阳理工大学	2
3	东北林业大学	2	8	辽宁中医药大学	2
4	沈阳农业大学	2	9	湖南理工学院	2
5	河北民族师范学院	2	10	济宁医学院	2

(三)研究文献的来源期刊

表2是高校推进党的二十大精神入脑入心研究文献来源期刊统计,这些期刊发表有关高校推进党的二十大精神入脑入心的研究论文超过2篇,14种期刊发表相关文献总计44篇,占总发文量的38.26%,说明刊载有关高校推进党的二十大精神入脑入心研究文献的期刊比较集中。由表2可知,《黑龙江教师发展学院学报》《学校党建与思想教育》是高校推进党的二十大精神入脑入心研究比较集中的期刊。在14种期刊中,《学校党建与思想教育》《思想理论教育》等被列入中文社会科学引文索引来源期刊或者扩展板来源期刊,体现了高校推进党的二十大精神入脑入心研究的水平。

表2 高校推进党的二十大精神入脑入心研究文献来源期刊

序号	来源期刊	数量	序号	来源期刊	数量
1	黑龙江教师发展学院学报	6	8	西部素质教育	3
2	学校党建与思想教育	5	9	思想理论教育	2
3	北京教育(德育)	4	10	中共郑州市委党校学报	2
4	现代商贸工业	4	11	秦智	2
5	世纪桥	4	12	河北民族师范学院学报	2
6	中国军转民	3	13	中学政治教学参考	2
7	佳木斯职业学院学报	3	14	黑龙江教育(理论与实践)	2

(四)研究文献的高被引统计

表3是高校推进党的二十大精神入脑入心研究被引数量排名前5的文献。高被引文献主要有两类,一类是党的二十大精神融入思政课研究,一类是党的二十大精神融入思想政治教育研究。高被引文献来源期刊基本上是《思想理论教育》等思政类核心期刊,体现了高被引文献的研究质量。

表3　高校推进党的二十大精神入脑入心研究被引数量排名前5的文献

序号	作者	标题	被引频次	卷/期	期刊名
1	蒲清平，黄媛媛	党的二十大精神融入课程思政的价值意蕴与实践路径	128	2022/06	重庆大学学报（社会科学版）
2	王刚，贾雯	党的二十大精神融入高校思想政治理论课的多维透视	32	2023/01	思想理论教育
3	冯志宏	党的二十大精神融入课程思政的价值旨归、核心要义与实践路向	10	2023/01	延安大学学报（社会科学版）
4	杜玉华，柳红	党的二十大精神融入高校思想政治理论课教学的根本遵循	6	2023/04	思想理论教育
5	蒲清平，王雪婷，漆钰	党的二十大精神融入大学生思想政治教育的理论意蕴与实践进路	4	2023/02	高校辅导员学刊

三、高校推进党的二十大精神入脑入心研究文献的热点主题分析

通过对研究文献中关键词的统计和对文献的阅读，我们发现，高校推进党的二十大精神入脑入心研究文献的研究热点如下。

（一）党的二十大精神融入高校思政课教学研究

党的二十大精神融入高校思政课教学是高校思政课落实立德树人根本任务的重要课题。众多学者对党的二十大精神融入高校思政课教学进行了多角度研究，取得了一系列成果。蒲清平等对党的二十大精神融入高校思政课教学的价值意蕴进行了探析，认为党的二十大精神融入高校思政课教学"有助于思政课教学'因

事而化',着眼大事、摆出事实、化出道理","有助于思政课教学'因时而进',因时制宜、以时促进、与时俱进","有助于思政课教学'因势而新',因势而谋、应势而动、顺势而为"(蒲清平,黄媛媛,2023)。杜玉华等对党的二十大精神融入高校思政课教学的根本遵循进行了研究,包括"牢牢把握过去5年工作和新时代10年伟大变革的重大意义,帮助大学生坚定'四个自信'","牢牢把握习近平新时代中国特色社会主义思想的世界观和方法论,帮助大学生深刻领会党的创新理论的思想精髓","牢牢把握以中国式现代化推进中华民族伟大复兴的使命任务,帮助大学生明确党和国家事业发展的根本方向","牢牢把握以伟大自我革命引领伟大社会革命的重要要求,促进大学生坚定自觉做到'两个维护'"(杜玉华,柳红,2023)。孙淑军等对党的二十大精神融入高校思政课的实践进行了梳理,包括"加强顶层设计,构建'融入'保障机制","压实教师责任,发挥'融入'关键作用","深耕思政课教材,贴合'融入'课程载体","坚持知行合一,增强'融入'体验感悟"(孙淑军,许晓辉,2023)。

(二)党的二十大精神融入高校思想政治教育研究

将党的二十大精神融入高校思想政治教育是高校培养时代新人的必然要求。蒲清平等对党的二十大精神融入大学生思想政治教育的主要内容进行了探讨,具体包括融入党的二十大的鲜明主题,融入过去五年的工作和新时代十年的伟大变革,融入开辟马克思主义中国化时代化新境界的重大要求,融入新时代新征程中国共产党的使命任务,融入中国式现代化的中国特色和本质要求(蒲清平,王雪婷,漆钰,2023)。陈敦山从六个方面探讨高校思想政治教育工作者如何贯彻落实党的二十大精神,增强大学生思想政治教育工作的针对性和实效性,具体包括"深刻理解马克思主义中国化时代化新篇章的内涵,教育青年大学生把握好习近平新时代中国特色社会主义思想的世界观和方法论","深刻理解党的十八大以来我国社会主义现代化所取得的巨大成就，教育青年大学生坚定道路自信，努力投身中国式现代化全面推进中华民族伟大复兴的伟大实践"等（陈敦山，2023）。

四、高校推进党的二十大精神入脑入心研究反思

上文对我国高校推进党的二十大精神入脑入心研究现状进行了定量分析和定性描述。学者从不同的视角进行了研究，相关研究成果在一定程度上指导了高校推进党的二十大精神入脑入心工作的实践。就现状而言，以下两点值得反思。

（一）高校推进党的二十大精神入脑入心研究要注重理论和实践的结合

党的二十大精神入脑入心要真正做到内化于心、外化于行。高校推进党的二十大精神入脑入心的实践性很强，目的是为国家培养又红又专的时代新人。众多学者要么对高校推进党的二十大精神入脑入心进行理论研究，要么进行调研研究，缺乏理论和实践的结合研究，缺乏理论对实践的有效指导，缺乏实践效果对理论的反馈机制研究。

（二）应用新一代信息技术助力高校推进党的二十大精神入脑入心研究

以大数据、云计算、物联网以及移动互联网为代表的新一代信息技术正在改变着我们的学习、生活以及思维模式。在网络互联互通时代，如何定量和定性相结合研究新一代信息技术给高校推进党的二十大精神入脑入心带来的挑战和机遇，意义重大。在新时代，高校推进党的二十大精神入脑入心工作需要应用信息化技术来提高工作的实效性和针对性。

参考文献：

陈敦山. 党的二十大精神引领大学生思想政治教育创新路径探究［J］. 西

藏民族大学学报（哲学社会科学版），2023（1）：102-107.

杜玉华，柳红.党的二十大精神融入高校思想政治理论课教学的根本遵循[J].思想理论教育，2023（4）：68-74.

蒲清平，黄嫒嫒.党的二十大精神融入高校思政课教学的价值意蕴和实践进路[J].学校党建与思想教育，2023（11）：68-71.

蒲清平，王雪婷，漆钰.党的二十大精神融入大学生思想政治教育的理论意蕴与实践进路[J].高校辅导员学刊，2023（3）：1-6.

孙淑军，许晓辉.党的二十大精神融入高校思政课的内在契合、基本遵循与实践理路[J].学校党建与思想教育，2023（11）：72-74.

研究生党建和思政教育工作融合发展的思考

张 宇 孙大宝

(四川大学商学院 四川成都 610064)

摘 要：研究生党建和思政教育工作统一于办好中国特色社会主义大学的伟大实践，是推进新时代研究生人才培养工作高质量发展的重要保障和落实立德树人根本任务的基本要求。基于研究生"大思政"育人和"三全育人"体系的建设背景，本文从研究生党建和思政教育工作融合发展的角度，对实践逻辑、现实困境和实践路径进行了分析，以期为各高校开创研究生党建与思想政治教育工作提供参考。

关键词：研究生党建；思政教育；融合

当前，中国特色社会主义进入新时代，推进中国式现代化建设迫切需要培养造就大批德才兼备的高层次复合型人才。作为高等教育人才培养的最高层次，研究生是高校科研的生力军，是国家战略人才力量的重要组成。探索和发挥新时代研究生党建的思想政治教育功能，是增强党在高等院校基层的凝聚力和战斗力、以组织优势引领各项工作的迫切要求，也是高等院校在"大思政"格局背景下，推动思想政治教育发展的现实需要（付晓婷，宋吉玲，2022）。遵循研究生成长规律、思想政治工作规律，以高质量研究生党建和思政工作融合发展为路径，回答好"为谁培养人、培养什么人、怎样培养人"这一教育的根本问题、建设教育强国的核心问题，才能为党和国家事业发展需要提供强有力的人才支撑。

一、研究生党建和思政教育工作融合发展的实践逻辑

新时代背景下，面对高校研究生群体规模大、研究生党员占比高这一现实问题，着力构建高质量研究生党建工作体系，以高质量党建促进和推动研究生思想政治工作创新发展，是高校坚持社会主义办学方向、实现立德树人根本任务的应有之义，也是提升研究生人才培养质量的客观需要。

（一）研究生党建是思政教育工作的政治引领和组织保障

中国特色社会主义高校最本质的特征和最显著的优势是中国共产党对高校的全面领导。作为高校党建工作的重要组成部分，高质量的研究生党建工作能充分发挥政治引领作用，切实把党的领导贯穿研究生教育教学和管理的全过程，能够最大限度地把德才兼备的青年拔尖群体吸收和凝聚到党和人民的伟大奋斗中来。完整有效的高校党建工作体系也为研究生思政教育工作的落地见效提供了坚实的组织保障，能够贯彻落实国家对研究生思政教育工作的指示精神，充分发挥党支部战斗堡垒作用和研究生党员的先锋模范作用，以高质量党组织生活的吸引力和影响力不断强化党支部的辐射带动作用，进而提升研究生思政教育工作的实效性。

（二）研究生党建是思政教育工作的基本组成和重要抓手

在当前"大思政"育人和"三全育人"体系的建设背景下，高校要把思政教育工作贯穿教育教学全过程，把思想价值引领贯穿教育教学全过程和各环节，而研究生教育作为高等教育的最高层次，其党建工作无疑也是高校思政教育工作的基本组成。与本科生人才教育培养模式不同，研究生教育培养过程中的集体教育时间占比较小，因此研究生党建工作是其思政教育工作的重要主体。研究生党员可以通过党建活动，将党的创新理论内化、转化和深化到头脑中去、到实践中来，使思政教育工作通过党建这一抓手实现教育内容的传播。同时，通过党组织的长期性培养考察和经常性教育，研究生党员的思想政治素质、工作能力和先锋模范作用都相对较强，使其在群众中亮身份、践承诺、作表率、当先锋，真情服务师生，能够更好地促进思政教育工作见行见效。

（三）研究生党建和思政教育工作的育人途径和目标具有共通性和一致性

研究生党建工作的育人途径和目标是通过党组织的政治建设、思想建设、制度建设、作风建设、组织建设和制度建设将研究生党员培养成为对党忠诚、信仰坚定、作风优良、讲规矩、有纪律、能够服务中国式现代化建设的高层次卓越人才，并在高校师生和社会中发挥榜样引领和辐射作用。研究生思政教育工作的育人途径和目标是通过马克思主义思想教育，特别是运用中国特色社会主义理论体系，以多元化的途径引导研究生形成良好的政治觉悟、正确的价值观以及高尚的道德品质，使其能够成为党和国家事业的合格建设者和可靠接班人。两者在育人途径和目标上具有共通性和一致性，都是通过有组织、有重点的工作模式和教育方法，从政治层面、思想层面和道德层面引导研究生始终以马克思主义的立场、观点、方法去分析和解决问题，培养其成为具有中国特色、堪当民族复兴重任的时代新人。

二、研究生党建和思政教育工作融合发展的现实困境

相较于本科生而言，研究生的知识建构、道德认知与社会角色更为复杂（覃鑫渊，2024），整个研究生群体呈现出多元化特征。时代变迁和研究生群体的多元化，使新形势下的研究生党建和思政教育工作面临一定的现实困境。

(一) 育人体系建设欠缺与培养模式多元化需求不契合

一方面, 研究生群体虽然仍多在高校场域学习, 但是导师责任制下因导师教学风格、科研途径和科研方式的不同, 各个研究生的人才培养模式也各有其特殊性。另一方面, 某些地方高校由于研究生规模普遍较小, 研究生党建和思政教育工作多融合于本科生的对应工作中一同开展, 甚至存在"重本科生党建、轻研究生党建"的情况, 导致研究生党建和思政教育体系相对缺乏系统性和规范性。此外, 在党支部设置上, 一些培养单位常将同一年级不同专业的研究生组织在一起设立党支部, 缺乏对研究生角色差异的关注。同一支部中, 即使是同一专业的学生, 由于所在的课题组、实验室不同, 彼此之间也多是停留在"认识"或"知道"的层面(李海洋, 郑艳菊, 王谦, 2023), 少数研究生甚至存在常年在校外进行调研、采样等学术任务的情况。由此可见, 研究生群体的差异性和分散性较为明显, 其思政教育培养模式的多元化需求有赖于研究生党建和思政教育体系建设的进一步完善。

(二) 育人视野局限与新时代人才培养目标不匹配

随着我国研究生教育规模不断扩展, 以及我国就业市场需求日趋多样化, 研究生的成长需求也呈现多元化特征。中国式现代化建设不仅仅是需要高水平科技人才, 而是需要心系"国之大者", 胸怀"两个大局"的高水平科技人才。但部分高校在过去很长一段时间里对研究生的各项评价体系只注重学术期刊上发表的论文数量和质量, 即使涉及政治理论学习、志愿服务、社会实践等德育和综合素质的考核部分不够重视, 并未将其作为硬性要求。因此, 个别研究生将完成科研考核和毕业论文设定为研究生生涯的唯一目标, 只追求科研成绩, 忽略了本该多元化的成长需求, 甚至使研究生的价值观呈现更加"务实"、功利性的世俗化倾向，这就与新时代党建和思政教育工作的育人目标背道而驰。

（三）育人思维固化与知识需求多元化不协调

研究生作为学术研究的生力军，其知识需求具有专业性和前瞻性特征，需要关注学科的发展和研究的前沿，对知识更新的敏感度较强。当前的研究生党建和思政教育思维略有固化，尚未与研究生的现实需求形成有效对接，呈现"两张皮"现象。一方面，党建活动和思政教育工作过于注重宏观理论和价值的直接灌输，难以走入研究生内心，使得教育实效性不强；另一方面，没有及时将党的创新理论运用于教育实践，缺乏与专业学科领域的创新融合。这些都直接或间接地导致了研究生在知识追求的过程中对党建活动和思政教育工作产生了疏离感，影响了育人工作的针对性和实效性。

三、研究生党建和思政教育工作融合发展的实践路径

习近平总书记对高校党建工作和思政工作做出过重要指示，强调高校党委要履行好管党治党、办学治校的主体责任，把思想政治工作和党的建设工作结合起来。研究生教育要更好地适应党和国家事业发展需要，就要以高质量的党建为抓手，引领研究生思政教育工作，切实在育人队伍建设、文化建设、载体和平台建设上下功夫，有效地将研究生党建和思想政治工作以多种形式更好地融合。

（一）构建"党支部－辅导员－导师"协同机制，在育人队伍建设上下功夫

"党支部－辅导员－导师"协同配合，形成育人合力，是新形势下开拓研究生党建和思政教育工作新局面的现实需要。一方面，聚焦为党育人、为国育才的重大职责使命，高校党委需要持续优化作为党密切连接广大研究生群体的重要阵地的研究生党支部设置，探索将研究生党支部设在重大项目组、科研平台、学生

社区等人才培养主阵地和科研攻关第一线。党支部、辅导员和导师之间要定期交流,协同处理问题,切实把党的领导和党的建设融入研究生人才培养的各个环节。另一方面,聚焦研究生最迫切的现实需要,将党建工作、思政教育与研究生的生涯发展和专业理想贯通起来,例如鼓励高年级研究生党员和青年教师党员定期举办科研分享活动,发挥党员的榜样引领作用,传播严谨踏实的科研作风,引领研究生积极服务国家重大战略需求。以党支部建设为支点,利用好党支部、辅导员和导师这三支研究生培养过程中的关键力量,充分发挥党支部和辅导员在思想引领和价值塑造中的重要作用,以及研究生导师在知识传授和能力培养中的重要作用。各育人主体各司其职、同向发力、协同育人,既能切实发挥各自的育人优势,又能形成互补助力的格局,促进党建、思政教育和科研业务工作的深度融合,激发研究生的内生动力。

(二)推进红色文化有效融入"大思政"育人建设,在文化建设上功夫

红色文化作为中国革命历史的璀璨瑰宝,蕴含着中国共产党人筚路蓝缕、不懈奋斗的革命精神和深厚的爱国情怀,是中国特色社会主义文化建设的重要内容。在推进红色文化融入研究生"大思政"育人体系的过程中,需要深入挖掘红色文化的内涵与精神实质,将其与当代研究生的思想特点、成长需求以及学习特性紧密结合,从而构建具有时代特色的教育内容和体系。具体而言,高校应持续进行对红色文化的开发,充分利用丰富的红色文化资源。一是在包括党日活动在内的各种形式主题实践活动中引入红色文化元素,并系统性地对研究生群体开展爱国主义教育、理想信念教育和社会主义核心价值观培养等育人活动。二是完善思政课程和课程思政建设体系,深入挖掘红色文化中蕴含的治国理政智慧、集体主义和奉献精神等,探索将红色文化融入专业教学,将其内核融入研究生求学道路的各个环节。

(三) 打造"党建+"融合模式，在载体和平台建设上下功夫

"党建+"融合模式是新时代党建与业务工作深度融合的一条新路径，能够充分发挥党建工作的引领力量，实现党的建设与事业发展双融合、双提升。在研究生人才培养的过程中，构建"党建+科研报国""党建+社会实践""党建+志愿服务""党建+劳动教育"等育人融合体系，强化政治统领和思政教育建设，提升党组织对人才的凝聚力和组织力，促进人才培育和人才发展。此外，网络育人体系也是思政教育工作的重要平台之一，通过打造"党建+数字化"学习和管理平台的建设，充分发挥其在研究生党员发展、研究生党员日常教育和研究生思政教育工作中的学习和管理作用，全面推进数字科技同党建思政融合发展。

四、结语

在研究生"大思政"育人和"三全育人"体系的建设背景下，围绕为党和国家事业发展"培养造就大批德才兼备的高层次人才"的目标，以高质量发展开创研究生党建与思想政治工作创新融合的新局面。研究生党建与思政教育工作的融合发展中面临着体系规范待完善、培育理念待调整和内容待创新等多方面的现实困境。这些困境的存在不仅影响了研究生党建和思政教育的效果，还会制约研究生的全面发展。高校在探索研究生党建和思政工作融合发展的过程中，应充分发挥好党建工作的政治引领作用，构建"党支部－辅导员－导师"协同配合机制，发挥好红色文化在党建和思政教育工作中的独特作用，以"党建+"融合模式推动研究生党建和思政教育工作的创新与发展。

参考文献：

付晓婷，宋吉玲. 新时代高等院校研究生党建思政育人功能探析 [J]. 沈

阳农业大学学报（社会科学版），2022，24（1）：92-97.

李海洋，郑艳菊，王谦. 地方高校研究生党建育人模式创新与实践——以河北大学为例［J］. 学位与研究生教育，2023（9）：42-47.

覃鑫渊. 研究生思想政治教育的复杂性及其创新发展［J］. 学位与研究生教育，2024（1）：34-40.

科学家精神融入高校理工科研究生思想政治教育探析

——以四川大学化学学院为例

杜晓燕

(四川大学化学学院　四川成都　610064)

摘　要：将科学家精神融入高校理工科研究生思想政治教育是课程思政建设的内在要求，是落实立德树人根本任务的时代需要，对于贯彻创新驱动发展战略和建设科技强国具有重要意义。

关键词：科学家精神；理工科研究生；思想政治教育

2019年6月，中共中央办公厅、国务院办公厅联合印发《关于进一步弘扬科学家精神加强作风和学风建设的意见》，对科学家精神进行了精准概括：胸怀祖国、服务人民的爱国精神；勇攀高峰、敢为人先的创新精神；追求真理、严谨治学的求实精神；淡泊名利、潜心研究的奉献精神；集智攻关、团结协作的协同精神；甘为人梯、奖掖后学的育人精神。这六个方面构成了科学家精神的核心内容。

以基础科学研究为主的高校理工科研究生是未来最有可能从事科技工作的人群，也是将来最有潜力成为科学家的人群。他们最需要在自己的实践中，接受科学家精神的熏陶和滋养，并加以运用。培养研究生的爱国热情、创新意识、求实精神，坚定研究生科研报国的信念，激发铸魂育人作用，能够推动他们成长为党和国家科技事业需要的创新型人才，为我国科学事业提供人才支撑（庞祎晔，孙洪锋，2023）。

一、科学家精神融入高校理工科研究生思想政治教育的必要性

（一）落实立德树人根本任务的内在需要

立德树人是新时代我国教育工作的根本任务，同时也是我国高校思想政治教育工作的中心环节。立德是指树立良好的道德品质和道德修养，使其具备正确的行为准则和道德标准；树人是指培养人才，造就有用之才。科学家精神的优秀道德品质和道德修养是影响学生建立健康的人生观的重要组成部分。科学家精神是高质量发展的不竭动力，将科学家精神融入高校理工科研究生思想政治教育，有助于培养研究生求真务实、勇于创新的高尚品性，引导研究生把个人追求置于胸怀祖国、服务人民的伟大格局中（米恒，高洋，2023）。因此，将科学家精神融入高校理工科研究生思想政治教育，是落实高校立德树人根本任务的内在需要。

（二）厚植研究生爱国情怀的有效途径

青年人的家国情怀是对国家命运关注的体现，是对解决时代主题意愿的强烈反映。厚植家国情怀，对青年学子强化责任意识、立志报国是大有裨益的。在世界百年未有之大变局、国际局势日趋复杂、国际环境日益严峻的大背景下，让理工科研究生认同、接受和践行爱国之心，为祖国和人民服务，培根铸魂，打好思想品格底色，形成正确的社会价值观，是适应时代的需要。加强理工科研究生的科学家精神培育，把科学家精神融入高校理工科研究生思想政治教育，能使爱国主义思想深化为理工科研究生的精神内核，使其厚植家国情怀。

（三）推动科技强国建设的潜在需要

培育一批具有爱国情怀、热爱科学研究、具有创新能力的科学研究人才，是发展社会主义科技强国的需要。高校是人才培养的摇篮，将基础研究与应用研究有机结合，通过产学研合作，服务国家需求，致力于培养具有知识和技术创新能力的创新人才。将科学家精神融入理工科研究生思想政治教育，引导他们树立科技报国的信念，增强他们主动承担时代和人民赋予的使命，强化责任意识和担当意识，是培养大批高素质创新型人才的必然要求，是推动科技强国建设的潜在需要。

二、科学家精神融入高校理工科研究生思想政治教育的有效途径

科学家精神涵盖了当代科技发展的重要因素，在高校思想政治教育中融入科学家精神，以科学家的故事激发人的情感，以科学家的精神引导人的品质，促使研究生与科学家产生心灵的共鸣。提升高校思想政治教育针对性的现实需要，就是要把科学家精神与高校思想政治教育有机融合起来。

（一）将科学家精神融入课堂教学

在实践中，我们需要用潜移默化的方式，将生动的科学事件与前沿科技信息相结合，将优秀的传统文化与价值理念相融合，传授科学家精神的内涵，让研究生自发吸收，不断激发科技创新热情和爱国情感，创新内涵和形式，培养科学家精神（赵京，2022）。

四川大学化学学院杰出学者坚守教育一线，将前沿科研成果融入课程，校友蒙大桥院士等开设"321学术大讲堂"，激励青年学生弘扬"两弹一星"爱国主义精神和敢为人先的科学创新精神。学院每年邀请专家教授分享他们的科学研究经历，讲述他们的科研故事，传递科学家精神，升华爱国情怀，明确新时代青年的责任和担当。

（二）将科学家精神融入党团组织建设

党团组织是培养研究生科学家精神的重要基地，也是塑造研究生科学家品质的重要基地。积极组织开展培养科学家精神的社会实践活动和第二课堂，引导学生在深入理解科学家精神的同时，参与实践活动，并将其转化为内心的追求（邹霞，唐钱，2023）。我院放射化学党支部将科学家精神贯穿党团建设工作的全方位和全过程，积极引导研究生深入走进行业，进行实地调研，调查行业科研创新的痛点和难点，引导研究生独立思考和研究，引领和带动研究生践行和弘扬科学家精神。

我院"走进乡土深处，探索共富新路"青年观察先锋队实践团队多次前往阿坝开展化学科普讲解。以生活中的常见现象为导入，以激发孩子们对化学的兴趣为导向，引导孩子们思考部分自然现象背后的原理，培养孩子们主动探究自然现象背后科学原理的思维能力和探索精神。通过实践活动，研究生更加深刻地感受到自己的责任与担当，立志要将个人的烛火汇聚于时代的火炬，以主动担当的无畏勇气投身全面建设社会主义现代化国家的伟大事业。

（三）将科学家精神融入实验室建设

理工科研究生的绝大部分学习和工作都在实验室进行，因此课题组导师的示范引领是关键。研究生导师扎实投入科学研究，学术造诣高，他们的学术道德和学术水平受到学生的崇敬，这崇敬有形无形地增强了导师"言传身教"的效果。导师通过对研究生潜移默化的影响，将其政治立场坚定、品德端正、治学态度严谨、情操高尚等优秀品质展现在学术研究中（孙宏哲，刘佰龙，2014）。研究生从中培养爱国敬业、追求真理、求真务实等一系列优秀的科学家素质。

（四）强化身边榜样力量，凝聚前行动力

要发挥先进集体或个人的引领和示范作用，大力宣传研究生

学习和践行科学家精神的故事,营造浓厚的学习和科研氛围。我院于2023年3月开展"卓越领航"微信公众号专栏,积极选树、广泛宣传优秀研究生和创新团队典型,用身边人身边事激励研究生向先进同学学习。专栏于2023年3月份创立,截至目前共发表了6期,报道20人次。专栏的建立让研究生深切感受身边同学的榜样力量,了解他们谦逊严谨、无私无畏,于科研高地勇攀峰、于学术瀚海摘星辰的科学家精神。

在我国众多科技工作者长期的科学实践中,科学家精神是一种宝贵的财富,是一种强大的动力,它激励着年轻的学生群体不断成长,推动学生群体形成尊重科学、热爱祖国的良好风气。习近平总书记曾指出,缺少精神支柱的个体,难以独善其身。一个缺少精神凝聚的民族,是很难坚强起来的。一个民族只有有了坚定的精神信念,才能在历史的长河中坚不可摧,才能在时代的潮头上挺起不屈的脊梁。因此,培育科学家精神是顺应时代的要求。把科学家精神融入高校研究生思想政治教育,是落实高校思想政治教育立德树人根本任务的要求,是高校培育时代新人、反哺国家科技创新、助力国家战略所需的重要途径。

参考文献:

米恒,高洋. 科学家精神在大学生思想政治教育中的价值意蕴[J]. 沂蒙干部学院学报,2023(4):107-110.

庞祎晔,孙洪锋. 新时代培育研究生科学家精神刍议[J]. 学工视窗,2023(18):71-73.

孙宏哲,刘佰龙. 构建导师和辅导员在研究生思想政治教育工作中的耦合机制[J]. 山东青年,2014(4):11-12.

赵京. 新时代理工科研究生的科学家精神培育路径探析[J]. 西部教育,2022(5):117-119.

邹霞,唐钱. 科学家精神融入高校研究生思想政治教育的价值意蕴与路径选择[J]. 社会主义论坛,2023(9):15-17.

"e"时代关于研究生思政教育的"e"探索

何惠 何阳 张帆

(四川大学电子信息学院 四川成都 610065)

摘 要：随着大数据时代的到来，传统的思政教学模式出现了新问题，面临新挑战。特别是新媒体的出现，给研究生教育带来了更多的不确定因素。本文将以四川大学电子信息学院研究生工作为实例，阐释在推进研究生思政教育工作中存在的问题和解决方案，说明如何通过"工科优势＋思想引领"打造高素质研究生集体，持续引领电子信息学院"e系列"名片的更新升级，为国家"科技兴国，人才强国"的战略部署注入新的生机与活力。

关键词：新思政教育；"e"探索；研究生；"e"系列

党的十八大以来，以习近平同志为核心的党中央着眼全局、把握大势，主动顺应信息革命的时代潮流，高度重视、全民布局、统筹推进网络安全和信息化工作，采取一系列战略性举措，实现了一系列突破性进展，取得了一系列标志性成果。乘着新媒体发展的东风，高校思政教育也迎来了新机遇、新变革，但是也面临着新问题、新挑战。在"科技兴国，人才强国"战略部署下，研究生的思政教育改革更被推至高校思政教育优化的核心位置，受到越来越多的关注和讨论。如何在大数据时代精准掌舵高校思政教育的航向？如何有效提升当代研究生的思想深度和思维广度？如何推进更有效、更精确的思政教育模式？如何充分利用已有教育资源调动学生的学习积极性？这些问题都需要得到教育工作者的高度重视和深入探讨。本文以电子信息学院研究生思政教育为蓝本，探究"e"时代研究生思政教育的新模式、新思路。

一、因地制宜：精准锚定学生需求，精确发挥学科优势

"e"时代最显著的特点就是数据量大、信息传播速度快。与此同时，网络上信息的良莠不齐会引发舆论风向的偏移，影响社会的稳定。信息渠道的增多和海量数据的输出会在一定程度上对浏览信息的学生群体带来直接影响，这也对高校思政教育工作者的工作方式提出了更高的要求。

（一）结合学院特色，把握"e"时代脉搏

橘生淮南则为橘，橘生淮北则为枳。在教育教学中，同样要结合高校的地方特色、地缘优势以及学校的办学思路和教学理念来有的放矢地制订教学计划，事半功倍地完成教学任务。在中国教育的体系之下，全国各大高校开展思政教学都会结合实际情况来落实和创新。学者们从不角度对研究生思政教育开展研究，他们的探索为研究生思政教育工作提供了学理依据。

以四川大学为例。四川大学地处西南地区，教育教学资源相较于华东地区略微薄弱，但也位列该地区综合性大学排行的榜首。相较于该地区其他高校，川大学生质量较高，师资力量相对雄厚，"海纳百川，有容乃大"的校训彰显了其身后的历史底蕴和文化深度，也表明了其在教学过程中的开放性和包容度。对于电子信息学院这样一个具有代表性的工科院系而言，其特色在于强调创新、前沿和跨学科融合。在这样的背景下，研究生思政教育不仅要传承传统思想文化，更要贴合时代发展需求，引导学生

在学习专业技能的同时，注重人文素养和社会责任，紧密贴合电子信息的优势专长。

电子信息学院的研究生思政教学应当融入对"e"时代的深刻理解。当今社会，信息技术正深刻改变着人们的生活和工作方式，电子信息学院的学生往往是信息化时代的先行者和引领者。因此，思政教育应当通过案例分析、专题讨论等方式，引导学生深入思考信息技术发展背后所蕴含的社会、伦理、政治等方面的问题，引导他们树立正确的人生观、世界观和价值观。笔者基于工作实际，以研究生班级为单位开展综合素质课程，考查学生人际交流、情绪管理、应急反应等能力，取得良好的效果。

（二）提炼学科专长，萃取"e"时代精华

电子信息学院研究生思政教育应充分利用学科交叉的优势，拓展教育内容，提升教学质量。电子信息学科本身就是多学科交叉的产物，涉及电子工程、计算机科学、通信工程等多个领域。在思政教育中，可以将人工智能、大数据、物联网等热点前沿技术与社会发展、人类命运共同体等话题相结合，引导学生深入思考技术创新对社会、经济、文化等方面的影响，增强他们的全局观念和战略思维能力。

电子信息学院的研究生思政教育通过实地考察、社会实践、科技创新项目等形式，让学生亲身感受技术与社会的互动关系，培养他们解决实际问题的能力和责任感。同时，学院建立行业导师制度，邀请业界专家参与思政教育，为学生提供更加贴近实际的指导和建议。

电子信息学院的研究生思政教育应当紧密结合学科特点和"e"时代的发展趋势，提炼学科专长。电子信息学院的研究生分为光学工程、信息与通信工程、电子信息等大方向，下面还分了多个不同的小方向，形成了一个大信息网。在思政教育上，不能

"一刀切",而应结合当前的国际时政热点,结合专业方向来开展。比如,对人工智能方向的学生可以引入 AI 视频生成的主题并播放视频讨论其实现的难度及效果,继而引出 AI 背后存在的信息安全、网络安全问题,以此回归思政教育的主题,最后宏观上升到国家安全的议题。这样的思政教育模式可以帮助研究生更快地找准自我定位,厚植家国情怀,更好地达成教育目的。

(三)高效解决问题,放大"e"时代优势

大数据时代的信息量大且良莠不齐,这无疑会给思政教育工作的有序推进带来一定的阻力。作为高校思政教育工作者,我们在享受新媒体教学带来的便利的同时,更应发现信息时代可能蕴含的潜在问题,帮助学生更好地辨别网络信息的真伪,最大化信息化教学的优势,从而形成更高效的教育教学模式。例如,在课堂教学的过程中,对智能设备的监管和控制也是需要被讨论的一个重要问题。在智能设备普及的时代,手机作为重要的通信设备也被越来越多的人当作日常必备的工具使用,但其在教学中是一把"双刃剑"。为了更好地解决这些问题,"智能课堂"就成为一个重要的手段。在智能课堂上,可以通过投屏等方式实现教师和学生之间的实时交互,及时地对教学内容做出反馈,还可以实现翻转课堂,对教学情况的改善和教学质量的提升有着重要的作用。

二、深掘地基:充分利用资源优势,发掘思政教育盲点

以四川大学电子信息学院为例,依托学院的二级心理辅导站(心晴"e"站)和辅导员工作室("e"心致学),加由辅导员老师、导师和学生干部的协同合作,实现了思政教育工作的有序推进,并取得了显著的成效。

（一）心晴"e"站：依托电子信息学院二级心理辅导站强化教学建设

心晴"e"站旨在构建一个有序、健康且和谐的电子大家庭，对提升全院师生的心理健康素养发挥了重要作用。心晴"e"站通过组织心理电影观影、心理情景剧、"汶川大地震遗址"等爱国主义教育基地实践教学，在铿锵的"人民有信仰，民族有希望，国家有力量"宣誓中，增强了学生社会主义新青年的责任担当意识，达到了行胜于言的思政教育目的。

（二）"e"心致学：借助辅导员工作室提升教学质量

为了进一步推进思政教育和党建工作的长足发展，"e"心致学辅导员工作室通过联合兄弟院校的优秀辅导员工作室开展教学工作，如邀请2024年度教育部高校辅导员名师工作室"精准思政辅导员工作室"黎红友副教授开展辅导员能力提升工作交流会，开阔辅导员视野，打开思政工作思路，形成网络化的思政教学环路。同时，"E"心致学辅导员还邀请生涯、心理名师共建心理、生涯课程，把课程思政融入培养心理生理健康合格的新时代大学生的"三全育人"全环节。

（三）"e"系列品牌：以创新思维催化思政教育新媒体改革

教育工作者着力催化思政教育新媒体改革，形成依托电子信息学院传统的优势"e"品牌——"心晴e站""e心致学""EI论坛""电子科技园"的"4e"系统的格局（见表1）。

表1 "e"系列项目介绍

序号	项目名称	面向群体	主要服务内容
1	心晴e站	全院师生	心理咨询、团体辅导、二课实践等
2	e心致学	全院学生	心理社团实践、生涯心理教学、名师养成

续表1

序号	项目名称	面向群体	主要服务内容
3	EI论坛	全院研究生	国际国内顶级教授专家讲座、行业名师面对面
4	电子科技园	全院学生	手把手动手实践

第一，打造一个更加系统性、全局化的思政教育体系。独木难成林，滴水不成海。无论是二级心理辅导站还是辅导员工作室，都难以为思政教育提供"全员、全程、全方位"的教育服务体系。形成一个系统化的电子信息学院教育工作网，不仅能够实时了解学生学习情况、科研进展，还能更好地实现对他们心理状态的监督，可以全方位、多角度地达成教育的目的，提升教育教学的质量。

第二，形成完整的教学闭环，促进学生的全面发展。学科素养、心理健康、工作经验、科研能力都是一个优秀研究生所需要具备的多元化能力，也符合打造"e"系列的初衷。

第三，本科生的电子科技园、研究生的EI论坛加速催化思政教育的信息化变革，增强学生的社会竞争力和科研素养。

三、向阳生长：强化院级校际沟通，相互借鉴稳中求进

关于研究生在信息化时代的思政教育新模式的发展，仍然有很长的道路要走。思政教育不能是"孤岛"，而是需要通过一座座信息化的"桥梁"加以联通，来达到教育互联、资源共享的目的。

第一，实现院级互通，保持信息共享。为进一步提升教育教学的完整性和契合度，不同学院之间要相互借鉴。学院通过"e"系列平台，联合兄弟院校共建共享教育平台，通过联合组织活动，增进不同专业学生之间的交流，提升学生的心理健康和人文素养。

第二，加强校际联动，打造教育平台。不断地推进校际沟通，从学院一个独立的点形成校级辐射网。"e"平台教师承担教育部、省厅、学校的项目建设工作，总结工作中的重点难点，提炼工作中的亮点，形成科学的育人成果。同时，"e"平台助力名师成长，积极推进职业生涯金课、心理健康课等综合素养课建设，向兄弟学校学习先进的教学经验。

第三，深化区域交流，促进改革创新。由一个个枝叶繁茂的"校园网"，通过区域化的交流互通，形成一个庞大的信息化思政教学的"巨幕"，实现全国思政教育的改革创新。

新媒体的便捷为全国范围内的优秀思政内容迅速传播提供了平台，"e"系列名师可以拓展信息获取途径，加强理论修养，广泛交流学习，在实践中升华理论，形成全域可推广适用的思政教育模式，促进研究生思政教育的提升。

参考文献：

蔡明广，何舒慧，曹松. 立德树人新理路：基于"读、研、行、讲"四位一体的实践育人研究［J］. 科学咨询（科技·管理），2023（12）：85－87.

梁德东，魏彬. 思想政治教育视域下新时代研究生党建工作创新发展的理与路［J］. 长春教育学院学报，2023，39（3）：5－10.

李金玉，刘会强，王茹，等. 基于科学文化观的研究生课程思政建设探索［J］. 秦智，2024（2）：90－92.

李瑶曦，徐兰格. 人工智能技术赋能高校思想政治教育研究［J］. 学校党建与思想教育，2024（6）：69－72.

王滨，郑田宏. 大数据驱动高校思想政治教育现代化研究［J］. 思想理论教育导刊，2023（11）：127－134.

王海媛，程姗姗，杨辉. 应用化学专业研究生课程思政体系的构建与探索［J］. 大学化学，2024（1）：1－11.

孙继兵，郑士建，张兴华，等. 以六结合模式创新研究生课程思政的隐性育人功能［J］．高教学刊，2024，10（6）：64-68．

杨汝男，张德育．彰显兵工特色 持续推进专业学位研究生创新实践能力培养［J］．中国军转民，2024（2）：63-65．

党的二十大精神融入研究生综合素质课教学实践与探索[*]

吴 宇

(四川大学研究生院　四川成都　610064)

摘　要：推动党的二十大精神和习近平新时代中国特色社会主义思想进教材、进课堂、进头脑，是当前和今后一个时期高校思想政治工作和课程建设的重要任务。四川大学研究生综合素质课改革以"全面贯彻党的教育方针，深入推动习近平新时代中国特色社会主义思想进教材、进课堂、进头脑，加强研究生理想信念教育"为课程建设目标，从教学设计、教学载体和教管平台入手，久久为功、持续发力。

关键词：党的二十大精神；研究生综合素质课；课程改革

一、研究背景

党的二十大深刻阐释了新时代坚持和发展中国特色社会主义的一系列重大理论和实践问题，描绘了全面建设社会主义现代化国家、全面推进中华民族伟大复兴的宏伟蓝图；为新时代新征程

---

[*] 本文系四川大学党的二十大精神"进教材、进课堂、进头脑"研究生教学改革专项课题（SJYJ2023025）研究成果。

党和国家事业发展、实现第二个百年奋斗目标指明了前进方向、确立了行动指南；开辟了马克思主义中国化时代化新境界，取得的重大理论创新成果和精神实质集中体现为习近平新时代中国特色社会主义思想。如何推动党的二十大精神和习近平新时代中国特色社会主义思想、进教材、进课堂、进头脑，是当前和今后一个时期高校思想政治工作和课程建设的重要任务（郑晓航，亓钧雷，隋解和等，2024）。为此，学校制定了《四川大学推动党的二十大精神进教材、进课堂、进头脑工作方案》（川大委［2023］9号），提出要坚持不懈用新时代党的创新理论铸魂育人，着力培养堪当民族复兴重任的时代新人。

作为研究生培养方案的必修课程，研究生综合素质课（课程号：G00000302）是研究生思政课和专业课的有益补充，承担着"把思想政治工作贯穿研究生教育教学全过程，实现全程育人、全方位育人，不断提高研究生以思想政治为核心的综合素质，促进研究生全面发展，培养拔尖创新人才"的重要任务。我校研究生综合素质课改革的课程建设目标就是要全面贯彻党的教育方针，深入推动习近平新时代中国特色社会主义思想进教材、进课堂、进头脑，加强研究生理想信念教育。因此，研究如何将党的二十大精神融入研究生综合素质课，是该门课程建设的政治责任。

二、研究内容

（一）针对"进课堂"，教学内容上如何融入是核心

党的二十大精神思想深邃、体系完备、内涵丰富、博大精深，集中体现了习近平新时代中国特色社会主义思想的最新发展成果。将党的二十大精神的哪些具体内容，分门别类地融入研究生综合素质课13个教学专题，是课程改革首先要解决的问题。

（二）针对"进教材"，教材讲义上如何贯通是关键

将党的二十大精神融入课程教材是推动"三进"的关键环节。在目前已制定《四川大学研究生综合素质课各专题教学方案》的基础上，组织骨干教师针对 13 个教学专题编写教材讲义，在融入党的二十大精神上，一方面注重做好与研究生思政课教材在教学内容上的区别度，另一方面发挥研究生综合素质课专题教学的优势，突出教学内容特色，与研究生思政课教学形成优势互补、一体贯通。

（三）针对"进头脑"，教学方法上如何改进是难点

研究生综合素质课的教学形式多样，可以采用课堂讲授、专家讲座、主题研讨、实践教学等多种方法。将党的二十大精神融入研究生综合素质课的教学方法改进是研究的难点，坚持学思用贯通、知信行统一，引领学生往深里学、往心里学，在学懂弄通做实上下功夫。

三、研究现状

（一）课程简况

作为研究生核心素养和综合素质培育的载体和平台，研究生综合素质课从 2017 年 9 月起就纳入全校所有硕士、博士研究生培养方案，主要由研究生辅导员或校内外专家以专题讲座的形式讲授，同时也兼有采取参观访问、实践活动等形式开展，实现了全覆盖，成为各专业、各层次、各类型研究生培养方案中的公共必修课。

为了推动研究生综合素质课程建设规范化、制度化，研究生院于 2020 年启动研究生综合素质课程改革，并于当年 12 月制定出台了《四川大学研究生综合素质课课程实施细则》，规定了研究生综合素质课由 13 个核心教学专题构成，分别是"形势与政策""校情校史""校规校纪与研究生培养政策""心理健康""国

家安全、网络安全与实验室安全""宗教知识和民族团结""社会主义核心价值观""'四史'教育""劳动意识与劳动教育""人文素养""科学精神""就业指导与创新创业""法治与廉洁"。各教学专题按"政治要求、教学需求、学生渴求"的原则,将习近平新时代中国特色社会主义思想融入研究生综合素质课各专题教学内容,推动课堂教学活跃起来、学生素养提升起来。

(二)前期基础

近年来,我校研究生综合素质课以铸牢理想信念根基为核心,强化价值引领和灵魂锻造,更加突出培养研究生又红又专的精神气质,培育与研究生专业能力和科研发展紧密结合的思想政治核心素养。

围绕将党的二十大精神融入研究生综合素质课,我校前期做了如下配套重点工作:一是优化了课程体系和教学内容,制订了全校统一的"四川大学研究生综合素质课课程表";二是完善了研究生综合素质课教学运行机制,构建了校院协同、全员育人的课程组织体系;三是开展了研究生辅导员综合素质课教学能力提升培训,经常开展教学专题集体备课和研讨,定期开展研究生综合素质课专题教学优秀主讲教师评选(孔翔,吴栋,2021)。

四、工作思路与可行性分析

(一)工作思路

在学校党委统一领导下,校院两级联动,师生共同参与,以强化辅导员教学能力提升为关键,以研制好融入党的二十大精神的教案教材课件为基础,以优质线下线上教学资源为抓手,以教学管理平台建设为支撑,主动推动研究生综合素质课参与学校大思政课建设,做好与研究生思政课和课程思政的衔接贯通,系统化、协同式推动党的二十大精神进教材、进课堂、进学生头脑。

1. 深化课程价值和功能

将党的二十大精神融入研究生综合素质课教学，推动研究生综合素质课教学内容与时俱进、迭代更新，增强课程的马克思主义理论教育价值、理想信念教育价值、爱国主义教育价值、人文素养和科学精神教育价值等，不断丰富和完善课程教育功能。

2. 完善课程体系和内容

按照"一体化"思维，汲取党的二十大精神中与研究生综合素质课 13 个教学专题相关的内容，将其融入课程教学；注重减少与研究生思政课在教学内容上的简单重复，优化设计思政课教学中缺失但学生日常思政教育又需要的内容，不断完善课程体系，增强课程的时代感和针对性。

3. 增强课程综合育人实效

通过研究将党的二十大精神融入研究生综合素质课教材体系、教学体系、方法体系，达到提升研究生的思想理论素养和政治素质、增强课程育人实效的最终目的。

(二) 可行性分析

研究生综合素质课是全校各层次、各年级、各专业、各类型研究生的必修课，前期取得了一定的建设实效，目前在政策支持、经费保障、平台建设和人员配备等各方面都具备较为坚实的基础。

1. 政策支持

研究生综合素质课建设写入《四川大学关于进一步加强和改进研究生思想政治教育的实施意见》(川大委〔2017〕52 号)、《四川大学新时代研究生教育深化改革与创新发展实施意见》(川大研〔2020〕786 号) 等学校相关文件，已纳入学校进一步加强和改进研究生思想政治教育和新时代研究生教育深化改革和创新发展的政策、措施体系。

研究生综合素质课于 2017 年 9 月纳入研究生培养课程体系，成为每一名研究生全学段的必修课。研究生院于 2021 年 12 月制定出台了《四川大学研究生综合素质课课程实施细则》，为研究生综合素质课课程建设提供了政策支撑。

2. 经费保障

研究生综合素质课建设的经费保障主要由校院两级研究生培养单位在研究生培养费及研究生活动费等经费中予以保障。重点支持优秀教案教材研制、优秀主讲教师评选、优秀专题教学视频录制与制作、综合素质课实践教学、辅导员教学能力提升培训等。

3. 平台建设

重点建设研究生综合素质课教学管理系统；重点打造与研究生综合素质课各教学专题配套的教学视频、线上数字资源等网络数据库（兰国帅，2019），建设"云课堂"平台。

4. 人员配备

经过多年探索与实践，研究生综合素质课建设已经形成了一套比较成熟的人员配备体系。一是由校研究生院研工部、培养办总体牵头负责课程体系建设，组织推动和教学督导；二是由各研究生培养单位200余名专兼职辅导员、相关领域专家学者具体负责课程授课和组织；三是校内各对口业务单位提供研究生综合素质课相关专题的教学参考资料，并对辅导员开展专题教学培训。

五、工作举措

（一）优化教学内容

要深入学习和研究党的二十大精神，找准党的二十大精神与研究生综合素质课各教学专题的结合点，设计融入内容和方式，解决好党的二十大精神融入研究生综合素质课"进什么""怎么进"的问题。

（二）编写教材讲义

根据党的二十大精神融入研究生综合素质课的教学优化内

容，修订13个专题教学方案，组织骨干教师编写教材、讲义、课件。

（三）配套线上资源

每学年定期评选研究生综合素质课教学专题优秀主讲教师，并录制优秀专题教学视频。同步收集整理线上开放教学数字资源，建设与研究生综合素质课各专题教学配套的网络数字资源库和数字思政云课堂（张妍，2021）。

（四）改进教学方法

重新审视和优化研究生综合素质课课堂教学方法。围绕融入党的二十大精神，主动运用好"大思政"资源，采用讲授和实践、课内和课外、线上和线下、校内和校外等方法和途径，以"小切口""问题式""研讨式"，讲好、讲深、讲透各教学专题中蕴含的"大道理"。

（五）搭建教学管理系统

建设研究生综合素质课教学管理系统，推动课程管理信息化、数字化（赵庆云，2020）。

（六）加强师资培训

辅导员是组织上好研究生综合素质课的关键力量。要着眼"学深、悟透、讲活"党的二十大精神，加强辅导员业务能力培训，通过专业研讨、集体备课、授课示范等形式，提升辅导员将党二十大精神融入研究生综合素质课教学的能力和水平。

综上所述，在推动党的二十大精神"三进"工作中，教学设计上，按照"一体贯通"原则，注重研究生综合素质课各教学专题与思政课、专业课的衔接，既避免融入内容上的简单交叉重复，又强化各专题的教学深度广度。教学载体上，注重线下资源和线上资源的同步推动建设。线下资源建设体现为研制融入党的二十大精神的教案、教材和课件，线上资源建设体现为开发优秀专题教学视频、整合与专题教学配套的网络开放数字资源等。教管平台上，开发研究生综合素质课教学管理系统，推动综合素质课管理信息化。

参考文献：

孔翔，吴栋. 以混合式教学改革服务课程思政建设的路径初探［J］. 中国大学教育，2021（Z1）：59-62.

兰国帅. "互联网+"背景下信息化教学资源共建共享与服务［M］. 北京：科学出版社，2019.

张妍. 高校思想政治理论课在线教学模式研究［J］. 黑龙江高教研究，2021（12）：99-103.

赵庆云. 新时代高校思政课信息化教学手段和模式的创新与实践［J］. 教育教学论坛，2020，(28)：7-10.

郑晓航，亓钧雷，隋解和，等. "课堂+"模式下高校研究生课程思政改革探索与实践［J］. 高教学刊，2024，10（9）：34-37.

新时代研究生党建工作与科研创新双融双促路径探究

张 珊

(四川大学商学院 四川成都 610064)

摘 要：当前研究生党组织党建引领和科研创新融合度较低，阻碍了党组织领导力和战斗力的有效发挥，也降低了资源配置和组织创新发展的效率。针对这一问题，本文通过分析研究生党建工作与科研创新双融双促的现实基础和内在逻辑，提出新时代推进研究生党建工作与科研创新双融双促的建设路径，以期为推动研究生党建工作全面提质增效、培养高层次科研创新人才提供有益借鉴。

关键词：研究生；党建；科研创新

党的二十大报告明确指出：教育是国之大计、党之大计。培养什么人、怎样培养人、为谁培养人是教育的根本问题。作为我国高等教育体系的重要组成部分，研究生教育承担着培养高层次创新人才的重要使命，是建设教育强国的重要内容和关键支撑。2020年7月，习近平总书记对研究生教育工作做出重要指示，强调研究生教育在培养创新人才、提高创新能力、服务经济社会发展、推进国家治理体系和治理能力现代化方面具有重要作用。党的十八大以来，随着我国教育强国建设步伐的不断加快，研究生教育质量全面提升，研究生教育格局也发生了逻辑性变化。目前，高校研究生群体规模大，研究生党员占比高，研究生党建工作已经日益成为高校基层党建工作的重点。以四川大学为例，截至2023年底，四川大学在校生规模达6.9万余人，其中硕士研究生和博士研究生人数达3.1万余人，约占全校在校生总数的45%；在校学生党员中，研究生中党员比例远高于本科生党员。研究生党建工作作为研究生思想政治教育的基础与载体，其党建工作质量直接影响着研究生教育培养质量（赵洺，樊磊，2022）。因此，加强研究生党建工作是研究生教育的重要抓手，深化新时代研究生教育和党建工作是服务国家战略、立足教育实践、面向未来发展的重大课题。

一、研究生党建工作与科研创新双融双促的现实基础

（一）当前研究生党建工作中存在的问题剖析

研究生党建工作基于研究生群体专业知识水平高、个体差异性大、价值取向性强、个人目标明确等特点，在实际工作开展中难度较大，也容易面临在教育宽度与深度上难以取得实际突破的困境（李沐函，王蕴涵，2023）。首先，研究生党建在班级、年级的固有模式已经不能适应研究生需求。目前，研究生培养实行的是导师责任制，研究生的活动范围主要集中在实验室，同一班级、年级的研究生交流相对较少，研究生的班级和年级观念较为淡薄。且研究生党员经常会因为课题组组会、出差、科研等原因无法按时参加党支部活动，导致党支部组织生活很难有效开展（石存，张丽琴，2021）。其次，研究生党组织党建引领和科研创新融合度较低。一些研究生党支部虽重视支部党员的理论学习和思想教育，但工作形式化、内容空泛化，对学科专业和课题组培养特色的挖掘深度都不够，在实现党支部特色与科研方向的融合上还存在一些困难。此外，导师在研究生党建上的作用发挥与科研育人协同不够。作为研究生的第一责任人，部分导师对党建工

作和思政工作的认知程度相对较低，在价值观教育与科研教育融合方面能力不足。

（二）研究生党建工作与科研创新双融双促的现实意义

研究生不仅有丰富的专业理论知识，思想政治素养也更加成熟。因此，研究生的党建工作具有更加良好的组织基础。研究生党建工作的落脚点在为党和国家培育优秀人才，强化党组织的功能，将研究生在专业学习和科研活动中的表现以及发挥的作用因势利导，为研究生科研发展打好基础，引导研究生提高科研执行力，促进科研创新工作的良性发展，是推进研究生党支部建设的重要环节。同时，以学术科研活动为载体，依托高校科研团队，在高校研究生党建工作中大力实施"科研育人"，更加有利于研究生党员思想政治教育质量的提升。

二、研究生党建工作与科研创新双融双促的内在逻辑

（一）研究生群体的鲜明特征为党建工作和科研创新相融合提供现实促因

在目前我国高校实践中，本科生通常以年级为单位设置横向党支部。而研究生日常学习和生活紧密围绕导师实验室和课题组，年级、班级观念淡薄，尤其博士研究生毕业时间不一，设置横向党支部对研究生来说并不适合。因此，诸多高校已经开始探索以专业、学科或者课题组为单位设置纵向研究生党支部。同一纵向党支部的学生彼此专业背景、知识技能、研究方向、职业规划相似，这种支部设置方式通过筛选研究生党支部建设工作与科研发展的契合要素，能够优化党建工作组织结构，实现党建组织平台与科研"软实力"深度融合（刘俊丽，2006），为研究生党建工作与科研创新双融双促、共同推进高校高层次创新人才培养提供了现实条件。

（二）相互促进的功效激发研究生党建工作与科研创新相融合的内生动力

一方面，以党建创新带动科研创新，通过将学业科研元素融入党支部组织生活，带领其追寻科研初心，铭记"科技强国"的责任和担当，收获对国家、对社会、对自身有益的科研成果。另一方面，以科研创新提升党建成效，以科研产出的获得感凝聚党支部成员力量，丰富党支部组织生活，强化党支部战斗堡垒作用。优秀的科研创新成果也会为研究生党建工作提供丰富而宝贵的资源，助力党建工作品牌化发展，扩大支部辐射范围，进一步增强基层党支部创新活力，使其更好地服务于人才培养。

三、研究生党建工作与科研创新双融双促的实践路径

在新时代背景下，充分发挥党建工作的引领作用和科研创新的支撑作用，将二者紧密结合起来，是推动高校人才培养高质量发展的重要任务。

（一）"党建工作＋科研创新"融合育人，提高思想理论基础夯实

研究生党支部应当紧紧围绕研究生党员自身发展所需，以"三会一课"为抓手，做好思想政治理论学习，避免学习空头理论。通过举办工作经验交流会、开展业务培训、讲授党课，支部邀请校内外专家系统讲解党的奋斗历程、党的初心与使命、自身科研心路历程等，加强研究生党员理论学习与交流。理论学习有助于增强研究生的思想政治意识，使其树立正确的价值取向，培养良好的学术风气，保持优秀的科研素养，从而将理论知识学习和科研学术实践相结合，为科研创新奠定基础。

（二）"党建工作＋科研创新"融合育人，促进实际学术能力提升

党建工作可以通过组织各类专题讲座、学术论坛等形式，为

研究生科研创新提供丰富多样的学习交流平台和环境条件支持，形成良好的科研氛围，提高科研效率。同时，还可以通过开展"传帮带"系列活动，依托专业、课题组等纵向党支部形成以老带新梯队，在加强教育培养的同时交流学业和科研，将支部党员优秀的素养、丰富的经验传递给年轻党员，提升其科研创新能力，促使其成长成熟，助力党建工作与科研工作有机融合、双向促进。

（三）"党建工作+科研创新"融合育人，促进科研成果转化实效

研究生的培养阶段正是树立正确科研价值观的关键时期，切实将党建工作融入研究生的科研教育环节，使其树立服务人民的思想意识，不忘入党初心，牢记历史使命，能够助推我国科技事业良性发展。祖国和人民的需求是科研创新的出发点。作为新时代科研创新的主力军，广大研究生在党的引领下，无论是参与重大科研项目、国家自然科学基金、国家科技重大专项课题，还是通过田野调查、科研合作、技术应用等帮助地方政府和企业解决各级各类问题和难题，都是研究生党员强化自我教育的生动实践（亓彦伟，权灿，张贝思，2023）。因此，应积极引导广大研究生党员以国家重大需求为导向，积极主动承担技术含量高、专业要求严的工作，增强科研创新意识，将科研成果落到实处。

参考文献：

李沐函，王蕴涵. 新时代研究生党建工作中"网络育人"模式的探索与研究［J］. 吉林省教育学院学报，2023，39（7）：67－73.

刘俊丽. 以党建创新带动科研创新——对高校研究生党建工作的几点思考［J］. 思想政治教育研究，2006（4）：41－42.

亓彦伟，权灿，张贝思. 研究生党建"双创"工作的实践探索及启示［J］. 学校党建与思想教育，2023，（20）：24－27.

石存,张丽琴.聚力"学、践、促",推进研究生党建与科研深度融合——以北航自动化学院"党建促科研,科研强党建"为例[J].大学,2021,(52):40-42.

赵洺,樊磊.新时代研究生党建育人何以可能[J].高校辅导员学刊,2022(2):63-68.

"一站式"研究生社区内涵建设研究

俞晓红　李侠　马芸

（四川大学研究生院　四川成都　610065）

摘　要："一站式"研究生社区内涵建设工作是高校立德树人机制建设和"三全育人"工作实施方案的重要内容，是在研究生共同生活区域内以服务他们在科研学习之外的成长成才为目标，建设以共同价值观念为联结的研究生教育生活成长共同体。建设"一站式"研究生社区对于提升学校服务水平、提高研究生满意度、促进研究生全面发展、优化资源配置以及提高学校管理效率具有重要的意义和价值。

关键词："一站式"研究生社区；内涵建设；研究生五育

自教育部要求高校加强"一站式"学生社区建设以来，全国高校相继开展"一站式"学生社区建设的探索，努力在社区构建学生的思想阵地、防范风险的样板高地和培养时代新人的实践园地（王璁，2023）。随着研究生培养规模持续增加，部分高校的研究生数量已超过本科生数量，"一站式"研究生社区已成为适应新时代背景下高校教育创新性发展的着力点，为加强高校党建

---

* 本文获"四川大学青年教师科研启动基金"（思政教师专项）资助，项目编号：sksz202317。

和思想政治工作机制体制创新提供了新思路（陈晓东，徐照，2023）。

"一站式"研究生社区是"一站式"学生社区的细分，它将"一站式服务"的理念引进研究生社区，为研究生提供思想政治教育、价值引导、党建引领、师生交流、文化传播、学习生活等服务（李晶冰，徐登伟，尹申申，2023）。"一站式"研究生社区具有教育、管理、服务等职能（刘学奇，2023），书院和学生宿舍是研究生社区建设的核心载体（蔡钰萍，罗澍，2023）。对于以科研为主业的研究生，其在宿舍的时间大幅减少，同时大部分高校的书院和宿舍在建成之初，已明确了其结构功能划分。因此，在现有条件下如何规划"一站式"研究生主体功能和建设特色职能，需要认真谋划和科学布局，以保证社区内涵建设的圆满实现。

一、"一站式"研究生社区建设的意义

"一站式"研究生社区内涵建设有助于探索完善社区管理理论，强化社区成员的参与和自治，促进社区内部的和谐发展。"一站式"研究生社区建设有助于践行综合素质教育理念，在关注研究生知识学习、实践创新的同时，关注他们的品德、价值观和团队协作能力提升，从而助力研究生的全面发展。

作为"三全育人、五育并举"的重要阵地，"一站式"研究生社区内涵建设通过探索优化整合资源来提高服务效能，使研究生便捷地获取所需信息、支持和服务。通过参与社区建设和各类社区活动，研究生能够更好地适应社会环境，提升社会责任感和团队协作能力，为将来的社会生活做好准备。

（一）党建引领

党建引领是"一站式"研究生社区内涵建设的重要内容，它为创建有育人温度的多元化"一站式"研究生社区育人摇篮贡献

力量（吕慧敏，孙龙昊，李林，2023）。随着党组织形式和党建活动的多样化开展，依托研究生社区形成的党组织可以充分发挥战斗堡垒作用，通过贴近研究生生活形成坚实群众基础，推动党建引领功能全面下沉（苏海雨，夏泽菲，2024），"一站式"研究生社区将成为党建活动最有活力的阵地。研究生社区党建活动能够促进研究生党员以更开放的姿态进行交流，提升党的先进理论和国家方针政策在基层党组织学习宣传和解读的效率（吴双，2023），对研究生党员坚强党性、提升政治判断力和组织本领具有极其重要的作用。

（二）思想政治教育和道德价值引领

思想政治教育和道德价值引领贯穿研究生培养的全过程，直接作用于培养人的根本目的和价值立场，是事关教育发展的首要性问题。做好研究生思想政治教育和道德价值引领，是回答习近平总书记提出的"培养什么人、怎样培养人、为谁培养人"这个根本问题的核心策略。研究生社区在帮助研究生树立正确世界观、人生观、价值观和提升思想政治教育的实效性方面发挥着非常重要的作用（祁赛喃，2024），社区中丰富的教育资源、各类活动、良好氛围、研究生间的讨论交流以及相关的指导辅导服务，为研究生的思想政治教育和道德价值引领提供有力支持。学习和科学研究是研究生生活的主旋律，开展学风建设是"一站式"研究生社区内涵建设的重要内容之一。研究生社区肩负着帮助研究生明确学习目的、端正学习态度、掌握学习方法、遵守学习纪律的使命，社区中良好的学风有力地保证了研究生成为德才兼备、全面发展的中国特色社会主义合格建设者和接班人（吕柏锋，刘健余，叶占露，2023）。

（三）支撑"体美劳"教育发展

随着国家和社会持续关注研究生体质健康、文艺涵养和劳动实践，"一站式"研究生社区开始展露它在研究生"体美劳"

教育方面的天然优势。研究生社区的"体美劳"教育内涵，不但能强健研究生体魄，还能帮助研究生缓解科研压力，对促进研究生身心健康发展有着极其重要的意义和价值。培养研究生积极参加体育活动的兴趣和习惯，能帮助研究生通过加强体育活动体验运动的乐趣和成功的喜悦。培养研究生的审美能力、艺术修养和文化素质有助于塑造研究生人文关怀、激发研究生的想象力和创造力。参与劳动可以培养研究生的责任意识和社会责任感，让他们认识到劳动的重要性和价值，懂得珍惜劳动成果，增强为社会、为他人服务的责任感，培养他们热爱劳动、勤奋务实的品质。

二、"一站式"研究生社区的功能特征实现路径

（一）党员先锋引领社区健康发展

研究生社区党组织要充分发挥共产党员的先锋模范作用，组织研究生党员、教工党员把领导力量、思政力量、管理力量、服务力量下沉到研究生中间，通过党员先锋力量将研究生社区打造为学生党建前沿阵地（蔡钰萍，罗澍，2023）。研究生社区中的党员首先自身要树立正确的世界观、人生观、价值观，弘扬社会主义核心价值观，然后再通过模范带头作用引导身边的同学树立正确的人生目标和价值追求。研究生党员要严格遵守学校和社区的各项规章制度，带头遵守校纪校规和法律法规；关心关爱身边的研究生同学，带动他们共同进步，推动社区的健康发展。社区党组织要积极组织各类公益活动，如志愿服务、环保行动等，要求研究生党员主动承担社区的各项工作任务，做到言行一致、率先垂范，为校园和社会的和谐稳定贡献力量。

（二）多措并举立德树人

"一站式"研究生社区是立德树人的实践基地，多层次、多渠道、多种类的教育活动和服务在这里得以开展。营造浓厚的思

想政治教育氛围，倡导良好的思想道德风尚，弘扬社会主义核心价值观，塑造积极向上、健康向善的文化氛围，都是社区内涵建设的重要内容。社区可以组织专题讲座、座谈会、读书会等教育活动，有针对性地引导研究生树立正确的思想观念和价值取向，加强他们对社会主义核心价值观的认同和信仰，增强其思想自觉性和思想认同感。社区可以邀请专家学者就思想政治、道德伦理等方面的问题作报告，引导研究生认识社会，认识人生，树立正确的世界观、人生观和价值观。通过组织志愿服务、义工活动、社会实践等德育活动，社区可以引导研究生树立正确的道德观念，培养社会责任感和奉献精神，提升道德修养和社会公德。社区还能利用研究生社区网站、微信公众号等，发布思想政治教育资讯、优秀文章和视频，开展线上思想政治教育活动，引导研究生正确获取信息、理性表达观点，增强网络素养。社区还可以建立辅导团队，定期组织研究生进行思想政治辅导、心理健康辅导等，帮助研究生解决学习和生活中的问题，提高思想政治素质和道德修养。

（三）重视体育增强体魄

"一站式"研究生社区在承担研究生体育教育方面大有可为，全方位的体育支持和服务，能够提高身体素质、增强体魄、促进健康生活方式的形成，为研究生的科研和生活增添活力和动力。社区通过组织丰富多彩的体育课程和活动，如健身训练课程、团体运动比赛、户外锻炼活动等，丰富研究生的体育生活，提升他们的体育素养和运动技能。社区提供健康管理指导服务，包括健康测评、运动处方制订、营养咨询等，帮助研究生科学合理地进行体育锻炼，保持身心健康。通过组织各类体育赛事和竞赛活动，如趣味运动会、社区各类兴趣球赛等，社区能够为研究生提供展示自我的舞台，激发他们的竞技精神和团队合作意识。社区还能通过推广体育文化，举办体育艺术表演、体育讲座等活动，增强研究生的体育意识和体育文化素养，促进研究生之间的交流与合作。

（四）艺术熏陶增益涵养

美育是"一站式"研究生社区内涵建设的又一重要内容，艺术教育和服务能够促进研究生美育发展，培养其艺术兴趣和素养，丰富其文化生活。社区可以组织举办各类艺术活动和展览，如音乐会、舞蹈表演、美术展览等，为研究生提供欣赏和参与的机会，丰富其艺术生活，激发其艺术兴趣和创造力。社区可以提供各类艺术培训和课程，如音乐、舞蹈、绘画等，为研究生提供学习和探索的平台，培养其艺术技能和审美能力，丰富其文化修养。通过组建各类艺术团体和社团，如合唱团、舞蹈团、话剧社等，社区可以为研究生提供参与艺术创作和表演的机会，培养其团队合作和表达能力。社区可以邀请专业艺术家和老师担任艺术导师，为研究生提供个性化的艺术指导和辅导，帮助其发现和培养艺术潜能，提高艺术水平。通过组织举办各类艺术交流和展示活动，如艺术沙龙、作品展示等，社区可以为研究生提供展示和交流的平台，促进其艺术成长和交流合作。

（五）劳动实践助力发展

"一站式"研究生社区能够提供丰富多彩的劳动教育和服务，促进劳动育人，培养研究生的劳动精神和实践能力。通过组织开展各类劳动实践活动，如义工活动、社区服务等，社区能够让研究生亲身参与社会实践，感受劳动的意义和价值。社区可以举办各类技能培训和工作坊，如手工制作、家政服务、烹饪等，为研究生提供学习和掌握实用技能的机会，增强其劳动能力。通过引导研究生参与社区建设和环保活动，如环境清理、植树造林、垃圾分类等，社区能够培养其社会责任感和环保意识，促进其积极参与社会公益事业。社区中各类劳动竞赛和评比活动的开展，如技能比赛、创意设计竞赛等，能够激发研究生的劳动积极性和创造力，提升其劳动技能和竞争力。

三、结语

培养目的和功能需求是"一站式"研究生社区内涵建设的出发点。研究生社区建设应该立足现有资源、创新思路方法、注重整合优化、注重氛围营造、注重起到实效。"一站式"研究生社区内涵建设是对育人方式的探索，核心理念是以研究生为中心，协调引导各方资源和力量下沉社区、服务研究生，以多样化方式开展党的工作、思想政治工作，最终目标是服务研究生健康成长成才。

参考文献：

蔡钰萍，罗澍. 社群思维：构建一站式学生社区新维度新探索［J］. 中国多媒体与网络教学学报（上旬刊），2023（10）：121－4.

陈晓东，徐照. 高校"一站式"学生社区社工站初创阶段的专业化建设探究［J］. 北京城市学院学报，2023（5）：58－63.

李晶冰，徐登伟，尹申申. 新发展理念下"一站式"学生社区高质量发展路径探析——基于南京林业大学"一站式"学生社区综合管理模式的思考［J］. 继续教育研究，2023（6）：31－5.

刘学奇. 新时代高校"一站式"学生社区综合管理模式的探索与实践［J］. 国际公关，2023（5）：146－8.

吕柏锋，刘健余，叶占露. 大学生社区学风建设的实践与探究［J］. 办公室业务，2023（19）：95－7.

吕慧敏，孙龙昊，李林. "党建＋"视域下学校宿舍精细化管理模式探索［J］. 北京教育（德育），2023（9）：23－6.

祁赛喃. 新时代高校"一站式"学生社区建设路径探析［J］. 经济师，2024（2）：189－90.

苏海雨，夏泽菲. 高校"一站式"学生党建平台建设研究［J］. 高校后勤研究，2024（2）：48－50.

王璁. 高校"一站式"学生社区综合管理模式建设路径探索——以江南大学商学院为例 [J]. 公关世界, 2023 (12): 67-9.

吴双. "一站式"学生社区党建引领机制探究 [J]. 高校后勤研究, 2023 (9): 58-60+3.

新形势下非全日制研究生教育管理问题分析及对策建议

马 芸

(四川大学研究生工作部 四川成都 610000)

摘 要：非全日制研究生教育是研究生教育体系的重要组成部分。但当前非全日制研究生教育还普遍存在一些问题，影响了非全日制研究生培养质量。面对新形势新问题，高校应结合非全日制研究生教育的特点，探索建立新的培养模式、完善思想政治工作体系、加强研究生集体精神、优化管理制度和队伍建设，推动非全日制研究生教育质量提升。

关键词：非全日制研究生；统筹管理；教育管理质量

研究生教育是高等教育的最高层次，肩负着高层次人才培养和创新创造的重要使命，是国家发展和社会进步的重要基石。作为研究生教育体系的重要组成部分，非全日制研究生教育对完善人才培养体系、建设学习型社会和世界研究生强国都具有重要战略意义。

2016年9月，教育部办公厅印发了《关于统筹全日制和非全日制研究生管理工作的通知》(教研厅〔2016〕2号)，明确将非全日制研究生界定为在从事其他职业或者社会实践的同时，采取多种方式和灵活时间安排进行非脱产学习的研究生，并从统一下达招生计划、统一组织实施招生录取、坚持同一质量标准、做好学历学位证书管理四方面对非全日制研究生教育规范化管理提出了具体要求，有力推动非全日制研究生教育迈入新的发展时代。

一、非全日制研究生的群体特征

相较于全脱产在校学习的全日制研究生，非全日制研究生在很多方面具有其自身的独特性。

（一）年龄偏大且年龄跨度较大

相较应届生占多数的全日制研究生，非全日制研究生平均年龄偏大且年龄跨度比较大，思想比较成熟。如 S 大学在校全日制硕士研究生 1.8 万余人，平均年龄 24.9 岁，其中年龄在 23 岁至 26 岁区间人数最多，达到 86.37%；在校非全日制硕士研究生 0.4 万余人，平均年龄 31.7 岁，年龄跨度从 22 岁到 56 岁，其中年龄在 30 岁以上的占 38.23%。

（二）生源结构多元化

与全日制研究生大多数为应届毕业生不同，非全日制研究生基本上为在职定向人员，来自党政机关、企事业单位、科研机构等单位，具备不同的工作背景和学习背景，生源结构比较复杂。

（三）党员比例较高

非全日制研究生年龄比较成熟，又在政府机关、高校、科研机构等单位工作，党员比例较全日制研究生高。以 S 大学 2023 级研究生为例，非全日制研究生党员比例为 41.04%，非全日制博士研究生比例更达到了 70.59%，均高于全日制研究生。

（四）学习动机和学习需求多样化

由于在年龄结构、专业背景、行业背景之间存在较大差异，非全日制研究生在考研动机和学习需求上也呈多元化态势，有的希望通过学习专业技能，提高职业晋升力；有的希望学习更多管理技能，开阔视野；有的希望扩大人际圈，获得更多人脉；有的则是希望获得学历学位证书。

二、非全日制研究生教育管理的现状及困境

（一）培养模式缺乏多样性

非全日制研究生教育起步晚于全日制研究生教育，在招生录取、课程设置、培养环节、学位论文以及评估评价等方面存在较为明显的对全日制模式的路径依赖（杨斌，康妮，2019）。部分高校将2016年《关于统筹全日制和非全日制研究生管理工作的通知》中"坚持同一标准，保证同等质量"简单理解为照搬全日制研究生培养模式，在培养方案、课程设置、考核形式、授课方式等方面都与全日制研究生趋同，难以满足非全日制研究生的多元化目标需求。在一定程度上制约了非全日制研究生教学管理质量的整体提升和非全日制教育的高水平发展。

（二）轻思想政治教育，党组织建设缺失

思想政治工作是一切工作的生命线。习近平总书记在全国高校思想政治工作会议上强调，思想政治工作关系高校培养什么样的人、如何培养人以及为谁培养人的根本问题，要坚持把立德树人作为中心环节，把思想政治工作贯穿教育教学全过程，实现全程育人、全方位育人。但在实际工作中，一种观点认为非全日制研究生为在职人员，思想政治工作应该由其工作单位负责，学校只应该承担教学工作。非全日制研究生因为在校学习时间较短，时间精力有限，在主观上也更偏重专业技能学习，对思想政治课程和活动缺乏兴趣。同时，受制于非全日制研究生党组织关系不转入学校，高校难以建立正式的非全日制研究生基层党支部，无法有效开展党员教育和思想政治工作，党员先锋模范作用无法充分发挥，先进性难以得到充分彰显，朋辈激励效果受到影响（赵

岑、任怀艺，2020)。

(三) 学习生活分散，集体认同感低

因为缺少学习、生活时空重叠，研究生班集体认同感普遍偏低 (杜函芮，2023)，非全日制研究生则更为突出。由于需要同时兼顾工作和家庭，非全日制研究生在完成晚间或周末课程后很难再参加集体活动。此外，高校不向非全日制研究生提供住宿，造成非全日制研究生缺少集体学习生活的空间，难以有效进行文化认同、思想交流、情感交融，导致非全日制研究生集体建设滞后，学生缺乏一致的群体认同、群体归属和集体意识。

(四) 管理工作队伍配备不到位

目前大部分高校未要求配备专门的非全日制研究生管理人员，有的学校由全日制研究生辅导员统一管理，有的学校由非全日制研究生所在学院教职工担任班主任兼职管理，精细化管理水平不高。除了缺少管理人员，日常管理服务也比较粗放松散，参照全日制研究生的无差别管理方式欠缺灵活性，这容易导致非全日制研究生对学校产生不满。

三、加强非全日制教育管理的对策建议

(一) 探索建立具有针对性的培养模式

在培养方案方面，应结合国家社会经济发展和行业人才需求，根据非全日制研究生教育特点，单独设计教育培养方案；在课程设置方面，要科学设置公共课程和专业课程，注重课程的实用性、实践性，增强课程的多样性，更好地满足非全日制研究生课程学习的个性化需要和多样性需求。在教学方式方面，应积极探索、充分利用现代互联网技术，通过网络课程建设、多媒体教学手段解决非全日制研究生"工、学"矛盾突出、教学时间过于集中、课后学习交流缺失等问题。在考核评价方面，要遵循非全

日制研究生培养规律创新考核评价体系，由过去单一的考核评价方式，转变为多元化、全面性、重过程的方式，激发非全日制研究生学习内生动力，确保非全日制研究生培养质量。

（二）完善非全日制研究生思想政治教育工作体系

习近平总书记在北京大学师生座谈会上的讲话中指出，人才培养体系涉及学科体系、教学体系、教材体系、管理体系等，而贯通其中的是思想政治工作体系[①]。加强党的领导和党的建设，加强思想政治工作体系建设，是形成高水平人才培养体系的重要内容。非全日制研究生作为高层次人才，其思想政治教育的重要性不可忽视。

首先，要抓好课堂教学主阵地，通过对教学内容、教学方式、教学管理、教学队伍等一系列改革，讲活思政课，使思政课入眼入耳、入脑入心。其次，要充分发挥导师思想引领作用，考虑到非全日制研究生在校时间短、偏重学习科研的特点，导师应认真履行培养第一责任人的要求，在学习科研指导过程中，潜移默化地进行思想政治教育，引导研究生树立正确的世界观、价值观、人生观。最后，要加强党建引领，近年来以清华大学为代表的高校创新思政教育新模式，通过设立临时党支部来破解非全日制研究生思政教育难题，为高校创新非全日制研究生思政教育新模式提供了新思路和宝贵经验。

（三）加强非全日制研究生集体建设

研究生集体是高校开展思想引领、学风建设、日常管理等育人工作的重要阵地。缺少了集体建设的非全日制研究生培养是不完整的。但非全日制研究生缺少全日制研究生大量的第一课堂外

---

① 参见中华人民共和国中央人民政府官网：习近平在北京大学师生座谈会上的讲话．[2018－05－03]．https://www.gov.cn/xinwen/2018－05/03/content_5287561.htm

的校园生活，再加之共同学习时间不足，所以非全日制研究生的集体建设需要专门设计环节进行加强（杨斌，康妮，2019）。

针对非全日制研究生集体建设中存在的成员结构复杂、人员在校时间分散等问题，可以尝试将集体建设与实验室、课题组、教研室相结合，充分利用有限的共同学习时间空间，加强集体成员互动交流；充分发挥非全日制研究生工作和组织经验丰富的特点，建设一支能力强、能担当的学生骨干队伍，引领广大非全日制研究生自我管理、自我服务、自我教育；开展类型丰富的集体活动，通过体育运动、学术交流等活动，缩短集体成员心理距离，增强集体凝聚力。

（四）优化队伍配置，完善制度建设，提升精细化管理水平

高校要充分认识到教育管理队伍对非全日制硕士研究生教育质量的保障作用，坚持优化非全日制研究生教育管理队伍，配备专门的非全日制研究生管理人员，提升教育管理水平。要基于非全日制研究生学习时间弹性、空间分散、目标需求多元化的特点，制定符合非全日制研究生教育规律的管理制度。同时，统筹学校资源，在师资、学习资源、职业规划、心理辅导、经济资助等方面提供更好的教育服务，满足非全日制研究生发展性需求；重视非全日制研究生的意见和需求，解答学生困惑，增强学生的参与感和归属感；邀请非全日制毕业生优秀校友返校交流，发挥校友的精神感染和文化传播作用，培养非全日制在校生的校友意识和文化认同感（高一华，2018）。

参考文献：

杜函芮. 研究生班集体凝聚力的影响因素与提升路径［J］. 学校党建与思想教育，2023（14）：84-86

高一华. 关于新政策下非全日制研究生教育发展的现状及建议［J］. 高教学刊，2018（9）：191-193

杨斌，康妮. 亟须激发活力：非全日制研究生教育发展的若干思考［J］.学位与研究生教育，2019（7）：49-53.

赵岑，任怀艺. 非全日制研究生思想政治教育的现状与对策研究——基于清华大学非全日制研究生临时党支部的思考［J］. 研究生教育研究，2020（3）：14-18.

高校"第二课堂"研究生思政美育实践路径探索[*]

——以四川大学"中华天府文化行"系列实践活动课程为例

郭潇蔓 王沁沁

（四川大学研究生院 四川成都 610000）

摘 要：通过创新、完善高校思政美育"第二课堂"教学体系，打造良性的美育文化生态系统，真正实现立德树人的教育根本任务，是当前各高校亟待解决的教学改革关键问题之一。本文结合四川大学第二课堂"中华天府文化行"系列实践活动课程，探索研究生思政教育、美育实践多元融合的新模式、新方法，引导研究生在美育教学、环境濡化、实践养成中成为自由而全面发展的时代新人。

关键词：高校；美育实践；第二课堂；思政教育

美是纯洁道德、丰富精神的重要源泉。十八大以来，党和国家高度重视高校美育工作，围绕这一立德树人、培根铸魂的事业

---

[*] 本文系 2023 年四川大学研究生教育教学改革研究项目"'互联网+'视域下研究生课程思政创新改革的路径探索"（项目编号：GSSCU2023129）阶段性研究成果。

做出一系列重大决策部署，推动美育工作逐步走实、走深、走全。2015 年，国务院办公厅印发《关于全面加强和改进学校美育工作的意见》，提出普通高校美育课程要依托本校相关学科优势和当地教育资源优势，拓展教育教学内容和形式，引导学生完善人格修养，强化学生的文化主体意识和文化创新意识，增强学生传承弘扬中华优秀文化艺术的责任感和使命感；2018 年 9 月，习近平总书记在全国教育大会上对美育工作做出重要指示，强调要全面加强和改进学校美育；2020 年 10 月，中共中央办公厅、国务院办公厅印发《关于全面加强和改进新时代学校美育工作的意见》，指出到 2035 年，基本形成全覆盖、多样化、高质量的具有中国特色的现代化学校美育体系；2023 年 12 月，教育部印发《关于全面实施学校美育浸润行动的通知》，要求营造向真向善向美向上的校园文化氛围，把美育融入校园生活。党的十八大以来，各高校高度重视美育育人工作，将美育工作作为高校大思政工作格局建设的有机组成部分，结合各高校实际情况，因地制宜，不断发掘探索思政美育结合育人新方法、新路径、新系统。

第二课堂制度作为高校大思政工作格局建设的重要抓手，是落实"五育并举"育人职责的重要载体，是高校落实立德树人根本任务、全面实施素质教育的必然要求，也是促进学生素质提升、培养德智体美劳全方位发展的新时代人才的迫切需要（何江阳，2022）。如何借助第二课堂这一重要平台，将美育育人理念更好地融入高校思想政治工作格局，创新、完善高校思政美育"第二课堂"教学体系，进而打造良性的美育文化生态系统，真正实现立德树人的教育根本任务，是当前各高校亟待解决的教学改革关键问题之一。

一、美育实践与思政建设有机融合的美育模式

四川大学"第二课堂成绩单"工作有着较早的践行时间与较好的开展基础。四川大学 2018 年 3 月发布《四川大学学生第二课堂学时认定办法（试行）》（简称《办法》），以培养具有深厚人文底蕴、扎实专业知识、强烈创新意识、宽广国际视野的国家栋梁和社会精英人才为目标。《办法》共涉及学生综合发展的 7 个方面，标志着四川大学"第二课堂成绩单"工作正式开展。其中，特别对学生的美育文体素质提出相关工作要求，即开设提升文化素养、艺术修养、身体素质等内容的项目。

为进一步加强和改进学校美育育人功能，将美育育人融入学校大思政格局，推进川大特色大思政课建设守正创新，四川大学以立德树人为根本任务，结合"第二课堂成绩单"制度，开展了"中华天府文化行"系列实践活动。该活动以"弘扬中华文化、肩负时代担当"为宗旨，面向四川大学全体本硕博学生，参照巴蜀文化发展历程，设置见证巴蜀文化之"历史文化古迹线"和探索非遗意蕴之"非物质文化遗产线"两线并进的活动格局。活动将专业的主题讲座与生动的研学体验相结合，依托中华优秀传统文化传承，拓宽学生美育素质提升的有效路径，构建巴蜀文化传承、传统文化继承的校园氛围。

（一）见证巴蜀文化之"历史文化古迹线"

历史文化遗产承载着中华民族的基因和血脉。成都历史文化遗迹丰富，具有得天独厚的条件。活动围绕成都丰富的历史文化古迹，带领川大学子探寻历史遗迹，感悟传统文化，培育审美品位，提高人文素养，形成学习中华优秀传统文化的良好氛围，引导学生把巴蜀地区特色文化保护好、传承好、弘扬好，坚定文化自信，增强家国情怀，畅续历史文脉。

（二）探索非遗意蕴之"非物质文化遗产线"

人民的非遗，人民共享。学校邀请各领域名家展现巴蜀地区非物质文化遗产的历史变迁、特点和现状，再以学生切身体验非遗工艺等作为驱动，加深学生对川剧等非遗文化的了解，使学生感受优秀传统文化旺盛的生命力，明晰学习非物质文化遗产对文化传承的意义，增强对"非遗文化"的情感，激发对一脉相承的中华传统文化的自豪感和认同感。

二、四川大学"中华天府文化行"系列实践活动课程的创新特征

（一）立足美育实践，融合思政教育，深化巴蜀文化培根铸魂之效

中华优秀传统文化作为扎根于民族血脉最深处的中华文明的根本与源泉，是引导广大青年学子树立文化自信的坚实基础。四川具有得天独厚的历史底蕴，而如何依托源远流长、底蕴深厚的巴蜀文化，将美育实践与大思政课教育相结合，是我校思政工作改革设计者上下求索的命题。

"中华天府文化行"从初始单调的讲座论坛逐渐探索发展为如今的思政美育金课，创新"讲解＋体验"的沉浸式思政美育教育打开方式，通过探寻四川省优秀历史文化古迹以及体验非物质文化遗产的生动实践，课程化、系统化、多样化地展现中华文化的魅力风采；用底蕴深厚的巴蜀文化坚定青年学子的"四个自信"，以民族和文化的归属感、认同感、荣誉感深化爱国教育，为美育、思政教育的守正创新注入活力，有效增强吸引力、说服力、感染力。

（二）建立合作机制，促成多方协同，落实立德树人根本任务之要

构建思政美育工作格局，不仅要靠学校充分发挥各类主体、

各门课程、各种资源的教育功能，还应当凝聚各方面力量，形成协同效应，共同担负起高校立德树人的根本使命。"中华天府文化行"系列实践活动建立长效合作机制，持续邀请各领域专家教授参与授课，有效实现优秀师资队伍的可持续性发展。在实现专家"引进来"的同时，"中华天府文化行"致力于活动"走出去"。通过争取四川省川剧院、金沙遗址博物馆、武侯祠博物馆等有关场所和育人基地的支持和配合，"中华天府文化行"系列实践活动形成了"以美育人，以文化人"的协同效应，有效回应了美育实践与思政教育从传统课堂向社会大课堂的拓展和延伸的需求，为新时代美育环境建设扩展了广阔空间。

（三）坚持守正创新，拓展宣传矩阵，探索美育实践长效育人之道

四川大学在学生教育过程中充分利用巴蜀优秀传统文化，通过美育育人与文化实践的深度交互、思政教育内容与社会的同频共振，推动学生认知、情感和价值观认同的贯通融合，构建"根植于实践、服务于实践"的思政美育教育新发展格局，切实打造美育实践长效育人机制。"中华天府文化行"系列实践活动自2009年启动以来，已举办15年、110期，累计有近三万名学生参与，影响力覆盖全校不同学历层次的学生群体，思政美育教育工作成效显著。在此基础上，通过对活动的不断提炼总结，2023年8月，该项目获得四川省第十届大学生艺术展演活动参展项目（高校美育改革创新优秀案例）一等奖，2024年3月，获评首届全国高校学生会组织"我为同学做实事"全国精品项目。

同时，"中华天府文化行"系列实践活动不断改革创新，探索美育课程宣传新路子、新方式，搭建课程宣传新矩阵。其一，在每期活动的公众号推文前增加上一期活动总结视频，使读者"身临其境"感受活动的魅力，增加活动实感与体验感，持续激发学生切身感受巴蜀优秀文明的兴趣。其二，"中华天府文化行"

系列实践活动设计专属活动 logo 与文创产品，以文创产品赋能活动宣传，鲜明打造活动亮点与记忆点。其三，与景区官方合作，联合推出宣传视频，扩大品牌影响力。以剑门关景区为例，实地参观活动不仅在剑门关微信官方视频号得到广泛好评与关注，也得到多方主流媒体的关注和持续报道。

三、高校"第二课堂"思政美育实践的优化路径

通过对"中华天府文化行"系列实践活动的长期创新与实践，四川大学逐步探索出一套行之有效的"以立德树人根本任务为核心，以传承优秀中华文化为目标，以建立长效育人机制为抓手"的思政美育第二课堂活动体系，但在践行过程中也发现了一些尚待解决的堵点、痛点、难点。

传统美育课程与思政教育主要由教师等专职人员主导，缺乏对学生思想道德素质与美育水平全面提升的现实关照，育人空间有限，传承优秀中华传统文化的迫切性主动性、深入性仍有待提升。同时，思政美育教育仍存在一定"单打独斗""各自为战"的情况，学校内外各主体协作程度不深、合力强度不够、育人效应没有得到充分发挥。

（一）充分挖掘优秀传统文化链接点，创新活动形式

"中华天府文化行"系列实践活动要更加关注活动的思想性和文化底蕴，发挥文化实践活动的价值塑造和素质养成功能，促进美育与其他学科的交叉融合，满足跨界创新人才培养的新需求。在目前的讲座介绍、实地参观等形式的基础上，进一步优化活动形式，增添更多精彩实质性内容，丰富对巴蜀文明的介绍方式与了解方式，使优秀中华文化与活动融合更加紧密，赋予优秀传统文化传承的创新生命力，不断推动优秀传统文化的传承方式实现新跨越。

（二）加大整合校内外优质资源，形成思政美育育人合力

鼓励校内活动承办单位充分发挥主观能动性，多想"金点子"，多用"新招式"，与历史文化学院、艺术学院、马克思主义学院等具有名师资源、专业水准的二级学院共同建立长效合作机制，提升思政美育育人体系化、精准化。持续挖掘校外优秀历史文化古迹和非物质文化遗产的研学资源，增加校外单位对"天府文化行"系列实践活动的认可度，探索新颖高效的联动方式，在互惠共赢的基础上搭建更多校、景两地研学平台。

（三）总结活动路径，扩大拓展推广

迄今活动已持续15年，经过不断地优化总结，已形成了以资源挖掘—联络沟通—组织号召—名师讲座与实地参观—总结宣传为脉络，充实构建出一套可借鉴、可复制、可推广的高校思政美育活动体系。中华优秀传统文化博大精深，源远流长，各地各高校在调研挖掘本地区特色的中华优秀传统文化的基础上，结合当地实际情况，可开设相应的"第二课堂"活动，让思政美育育人的有效路径推广扩大，吸引更多高校共同参与。

四川大学围绕立德树人根本任务，以"弘扬中华文化、肩负时代担当"为宗旨，开设"中华天府文化行"系列实践活动。在真正实现传承巴蜀文化的同时，将美育融入"严谨、勤奋、求是、创新"的川大精神内涵。该活动历经15年的改革创新，形成一套成熟完整可复制的活动体系，但仍需不断优化升级。思政美育只有立意深远、创新探索、汇聚合力，才能构建出完整全面的思政美育育人体系，实现学生知识水平和道德素养的协调统一发展。

参考文献：
国务院办公厅关于全面加强和改进学校美育工作的意见［J］. 中华人民共和国国务院公报，2015（29）：18-22.

何江阳. 高校美育实践课程与第二课堂融合机制研究——以J学院为例[J]. 大众文艺，2022（24）：160-162.

中共中央办公厅　国务院办公厅印发《关于全面加强和改进新时代学校美育工作的意见》[J]. 中华人民共和国国务院公报，2020（30）：20-26.

培养与管理

研究生招生指标分配机制与招生结构调整探析[*]

张丽 张盈

(四川大学研究生院 四川成都 610065)

摘 要：研究生教育作为人才培养与科技创新的结合点，已成为国家创新体系的中坚力量。无论是对于高校还是高校二级招生单位的院系而言，招生指标都是极为重要的教育资源。本研究理性审视指标分配机制的合理性、科学性，从我国研究生招生指标分配机制的内涵、现状及问题三个方面剖析研究生招生指标分配中存在的主要问题以及招生结构调整需求。本研究发现，当前研究生指标分配机制缺乏对导师相关的内部因素的考量，缺乏对社会需求相关的外部因素的考量，也缺乏与培养相结合的关联机制。鉴于此，本研究拟从我国研究生扩招趋势和研究生教育发展的现实出发，探索优化研究生招生指标分配机制，进而优化研究生招生结构，促进研究生培养质量的提升。

关键词：招生指标；指标分配机制；招生结构调整

---

[*] 本文获四川省学位与研究生教育学会研究课题经费项目"研究生招生指标分配机制与招生结构调整探析"资助（课题编号：2023YB0202）。

当今时代，国家与社会对研究生教育的要求已不再局限于专业知识的传递与研究能力的提升，而是转向以就业为导向、以创新为核心的综合性教育。招生是研究生教育的起点，也是影响研究生教学质量的重要因素。招生指标分配机制的调整能够通过影响招生结构而进行专业结构的调整，从而更好地匹配社会对不同行业人才的需要，提高研究生就业率。同时，调整专业结构能够推动高校教育与产业需求的有机结合，促进产学研深度合作。这不仅有助于提升高校研究生的整体素质，还能够推动社会经济的可持续发展。通过对研究生招生指标分配机制与招生结构调整的研究，建立科学合理的研究生招生指标分配机制，完善招生结构调整机制，充分发挥指标分配体系的调节与导向作用，是当前迫切需要解决的问题。

一、研究生招生指标分配机制的内涵和意义

研究生招生指标分配是指在研究生招生过程中，通过一定的机制和程序，将国家下达的招生计划按照一定比例分解到招生单位并由各招生单位组织实施的一种分配方式。研究生招生指标在本质上是一种特殊的资源，即高校可利用这种资源为满足社会需求提供合格的人才，从而具有一定的稀缺性。作为研究生培养单位，只有合理利用这一资源，才能更好地实现人才培养的目的，为国家经济发展和社会进步提供高层次、高素质的人才资源。

研究生招生指标分配机制是指在教育部宏观调控下，由招生单位根据自身办学定位、办学条件和学科优势等因素，通过一定的程序，自主确定各二级招生单位的招生规模和学科结构的一种管理机制。它是促进我国研究生教育规模与质量协调发展的一项重要举措，对规范高校招生行为、提高人才培养质量具有重要作用。完善研究生招生指标分配机制，必须以高校办学定位和办学条件为基础，以促进研究生教育发展为目标。高校只有在充分考

虑各自身发展需求、学科建设、国家发展战略、社会需求和办学条件等因素的基础上，才能真正形成一种合理有序、协调发展的研究生招生结构。

我国研究生教育近年来快速发展，招生规模不断扩大，但研究生招生指标分配机制的不合理问题也更加突显。建立科学合理的研究生招生指标分配机制，完善招生结构调整机制，成为当前亟待解决的问题。因此，研究研究生招生指标分配机制及其结构调整具有重要的现实意义。

二、我国研究生招生计划分配过程中存在的问题

20世纪90年代初期以来，伴随着高等教育特别是研究生教育的迅速发展，高校毕业生的数量也在迅速增加。自2010以来，全国研究生招生规模也呈现快速增长的态势。随着研究生教育规模的持续快速增长，以及全国研究生招生计划的不断调整，研究生招生指标分配机制改革成为我国教育主管部门和各大高校共同关注的焦点。当前，中国高校招生指标的分配模式大致可以分为以教学条件资源为主的资源性主导模式、以培养质量为核心的激励型主导模式、以政策调配为基础的政策稳定型主导模式（梁传杰，王润东，2021）。从理论上讲，这些分配方式都遵循了公平、公开、公正的原则，都以"社会需求、质量标准、人才缺口"为导向。但在实际操作过程中，由于指标分配机制不规范、分配原则不透明等原因，出现了很多问题。核心问题主要包括以下两方面：分配依据不明晰，缺乏测算指标；分配模型不科学，与社会人才需求不匹配。

第一，研究生招生指标分配缺乏依据。在目前高校招生指标分配过程中普遍存在一种现象，即采用历史沿用分配模式，每年招生计划与上一年度基本保持不变（王森林，樊传浩，2021）。有些院校依据教育部下达的招生计划，以上一年度的分配基数作为该年度的指标分配依据，因此向各二级学院下达的指标数量较往年相比没有太大变化。这样的指标分配方式使一些新兴发展的学科难以得到指标上的支持，不利于国家急需人才相关学科的发展。

第二，研究生招生指标分配与社会人才需求脱节。部分高校在对二级学院下达招生指标时，仅仅根据生源数量的多少来决定，不考虑社会对某些专业人才的需求量。一些大学，在开设专业之时，就按照社会的需要，积极地对一些热门的专业进行了设置，比如外语、计算机科学、市场营销等。由于社会和经济的持续发展使得对人才的要求发生了改变，一些受欢迎的专业开始"降温"，造成了人才结构的过剩。

三、完善研究生招生指标分配机制的思路和建议

在我国研究生教育规模不断扩大、培养质量要求逐步提高的新形势下，研究生招生指标分配机制的完善对促进高校研究生教育内涵式发展具有重要意义。"十四五"时期是我国经济社会发展的关键时期，研究生教育在建设创新型国家、推动经济社会高质量发展中的作用愈发凸显，研究生教育规模将继续保持快速增长，国家将进一步加大对研究生培养的支持力度。与此同时，我国经济社会发展面临着更加复杂的形势和更为艰巨的任务，国家将加快实现高水平科技自立自强，以建设世界科技强国为目标，引导高校聚焦国家战略需求，不断提高人才培养质量。"十四五"期间，我国高校将进入世界一流大学和一流学科建设新阶段，研究生教育将进入内涵式发展阶段。要适应新形势、新要求，必须坚持党对高校的全面领导，坚持服务国家战略需求和满足学生多样化需求相结合，坚持把立德树人作为根本任务，坚持以学科建设为龙头，坚持深化教育教学改革创新。因此，在研究生招生指标分配方面应注意以下几个方面。

（一）以国家政策为导向科学合理地进行研究生招生指标分配

在国家"双一流"建设重大战略背景下，国家相继颁布了《统筹推进世界一流大学和一流学科建设实施办法（暂行）》《关于高等学校加快"双一流"建设的指导意见》等一系列重要文件，提出"建立健全高等教育招生计划动态调整机制，努力发展国家急需学科的高层次人才培养，做好研究生招生计划分配与国家重大科研任务、重点科技创新项目的衔接工作"（王碧云，陈晓会，2017）。在"双一流"建设的大环境下，为适应新时期、新形势下对高层次专门人才的需求，高校要进一步完善研究生招生指标分配机制。研究生招生指标的分配要以国家政策为导向，根据本校的具体状况进行适当的调整，要向国家急需发展学科、国家重大战略学科和基础学科倾斜，充分发挥招生指标分配机制的调控作用。

（二）正确处理传统学科与新兴学科之间的关系

研究生教育是一个国家经济和社会发展的最高层次，它对国民经济和社会的发展有着举足轻重的作用，做大做强研究生教育是教育强国的根本，更是建设科技强国与人才强国的基础和前提。新一轮科技革命和产业变革突飞猛进，科学研究范式也在加速演进，优化学科布局，促进学科交叉融合成为学科发展的必然趋势（郝平，2022）。高校在招生指标分配时，应考虑传统学科与新兴学科之间的关系，利用好招生指标分配机制实现专业结构的优化，做好增量优化、存量调整，实现学校专业结构布局与社会需求的高度融合。

（三）高度重视专业结构调整与专业内涵建设的关系

研究生专业结构的调整一定要和学科专业内涵建设紧密结合，研究生教育的本质在于提高学科专业水平和人才培养质量，不加强专业内涵建设，研究生教育就会成为无本之木。学科专业建设要体现在学科专业设置和结构调整的始终。学科是专业形成和存在的基础,而社会人才需要是专业存在的必要条件(王庚华,邱岩,闫荣富等,2012)。相关专业要以优势学科和优良的师资为基础,依托区域经济产业优势,突出专业特色,提高人才培养质量;对于与社会发展不相适应的专业,应积极进行改革和整合。通过对专业结构的改造、整合与发展,着力于专业内涵建设和优势学科的发展,不断提高学校服务国家和地方经济社会发展的能力,增强学校的核心专业的竞争力(郭江峰,孙笑,郭建军等,2015)。

(四)充分认识动态调整在研究生招生计划分配过程中的重要性

通过更加科学的研究生招生指标动态调整,优化研究生招生结构,进一步调整高校研究生人才培养结构。在调整过程中,要结合学校实际情况,聚焦世界科技前沿和国家重大战略需求,发挥学校优势专业的特点,为国家重大专项服务,对各学科领域按需编制研究生招生目录,调整设置不合理的研究生专业和研究方向,优化研究生培养结构。

四、结语

研究生招生指标分配机制与结构调整研究是当前研究生招生工作的重要内容,也是当前和今后一段时期研究生招生工作的重点。目前,我国研究生教育规模不断扩大,生源质量和数量持续提升。现行的招生指标分配机制和招生结构调整机制还存在一些问题和不足,如指标分配的方式不尽合理、指标分配的依据不够清晰、指标分配过程缺乏有效监督等。为此,要从扩大高校招生自主权、规范高校招生行为、提高研究生培养质量等方面入手,进一步完善研究生招生指标分配机制,充分发挥研究生招生结构调整对高校发展的促进作用。在"双一流"建设的大环境下,探索和构建适应新时期、新形势的研究生招生指标分配机制，是当前高校建设中迫切需要解决的问题。

参考文献：

郭江峰，孙笑，郭建军，等. 国内高校专业布局与结构调整研究状况分析[J]. 高教学刊，2015（22）：6-9.

郝平. 优化建设学科布局 促进学科交叉融合[N]. 光明日报，2022-2-15（13）.

梁传杰，王润东. 高校研究生招生指标分配模式的审视与重构[J]. 高教发展与评估，2021，37（5）：102-110+125-126.

王碧云，陈晓会. 首届"双一流"建设与评价论坛综述[J]. 高教发展与评估，2017（4）：27-35.

王庚华，邱岩，闫荣富，等. 高校学科专业结构调整路径分析[J]. 中国冶金教育，2012（2）：1-3.

王森林，樊传. 研究生招生计划动态调整指标探析[J]. 文教资料，2021（5）：121-122.

哲学学科课程思政建设的内在逻辑[*]

舒 星 李泽锋

(四川大学哲学系 四川成都 610064)

摘 要：随着我国高等教育改革和课程思政建设的持续深入，哲学学科因其学科的特殊性，其课程思政建设的意义和价值值得引起重视和关注。哲学学科作为一门人文科学，既具备学科知识的传授功能，也能够影响人的世界观、价值观和方法论的形成，有助于人格和思维方式的形成。本文以哲学专业教育的课程思政建设为研究对象，从哲学学科课程思政建设存在的问题入手，着重论证哲学学科课程思政建设的内在逻辑，认为哲学学科课程思政建设与哲学的基本关注问题并无本质冲突，反而是相辅相成的。

关键词：哲学学科；课程思政；思政建设；立德树人；内在逻辑

为促进新时代高等教育发展，更好地为社会主义国家培养接班人，中共中央、国务院下发了《关于加强和改进新形势下高校思想政治工作的意见》。作为响应，教育部制定并颁发了《高等学校课程思政建设指导纲要》(简称《纲要》)，提出全面推进课

---

[*] 本文系四川大学中央高校基本科研业务费研究专项项目（编号：sksz202101）阶段性成果。

程思政建设是落实立德树人根本任务地战略举措，是全面提高人才培养质量的重要任务，明确了课程思政建设的重要地位。随着我国高等教育改革和课程思政建设的持续深入，哲学学科因其学科的特殊性，其课程思政建设的意义和价值值得引起重视和关注。为了更好地服务哲学学科课程思政建设，本文讨论的对象侧重于哲学学科的专业课程，而非哲学类通识性课程，针对哲学专业课程思政建设的重要性以及内在逻辑进行论述，以期促进哲学学科课程思政建设的有效实施。

一、哲学学科课程思政建设面临的问题

目前，哲学学科课程思政建设在各大高校均已初步开展，并取得一定成效，但经调研，就实际执行过程而言还存在一些问题。

一方面，一些教师在课程教学中过于注重学科知识的传授，忽视了思政育人和对学生三观的培养，部分教师则感觉难以将思政建设与学科知识传授相结合，如逻辑学、科学技术哲学等，从而导致某些课程的思政教学仅仅流于形式。另一方面，学生对思政教育的学习不积极不主动，甚至个别学生存在逆反心理和抵触情绪，认为思政教育会妨碍学术独立性、批判性和专业学术思维的形成。更有甚者，部分师生认为哲学与政治不应当发生过多牵绊，认为哲学只教人思想，教人理论，因而远离实践，远离政治。

思想和政治本就无法彻底割裂。之所以会存在哲学与政治格格不入的错误观念，第一个原因在于人们对哲学和政治的理解都过于狭隘，割裂了哲学对于思想和实践的双重关注；第二个原因则在于对政治的解读陈旧，忽略了政治的目标也可以是满足人们对美好的共同生活的向往。好的哲学教人思想，而思想本身就必然导向政治性思考，即对共同生活的思考。亚里士多德"人是天生的政治动物"的论断并不过时,在现代的共同生活中,暴力关系越来越被文明交流取代,思想和政治的真实关系也得到越来越显著的现实保证,哲学学科教育对于思想政治教育也越来越显露其重要性。因此,为了更好地推进哲学学科课程思政建设,发挥其对其他学科课程思政建设的促进作用,很有必要对哲学学科教育和思政教育的关系进行分析。

二、思政教育与哲学学科教育的内在关系

(一) 思政教育和课程思政

教育是国之大计、党之大计,承担着立德树人的根本任务。而培养什么人、怎样培养人、为谁培养人,则是所有教育的根本问题之一。2019 年 3 月 18 日,习近平总书记在学校思想政治理论课教师座谈会上强调,我们党立志于中华民族千秋伟业,必须培养一代又一代拥护中国共产党领导和我国社会主义制度、立志为中国特色社会主义事业奋斗终身的有用人才。这为中国特色社会主义高等教育事业发展指明了方向,为新时代我国高等教育的改革发展提供了根本遵循。因而,承担着落实立德树人重要任务的思政教育成为大学教育的重要组成部分。

课程思政不是一门课程,而是以构建全员、全程、全课程育人格局的形式将各类课程与思想政治理论课同向同行,形成协同效应,把"立德树人"作为教育的根本任务的一种综合教育理念,是思政教育的重要组成部分。课程思政强调学科教育与思想教育的有机结合,在教学过程中,教师不仅传授学科知识,还注重培养学生的思维能力、价值观、社会责任感和人文素养。

课程思政的目标主要体现在学生的综合素质培养方面,提高其自主学习能力和创新能力,同时塑造学生的人文精神和社会责任感,培养他们成为具有高尚道德情操和科学精神的社会主义建设者和接班人。课程思政具有重要的价值,既有理论上的价值,

也有实践上的价值。在理论上，它强调了思想教育与学科教育的有机结合，打破了思政课与学科课相对立的观念。在实践上，它又为学科教育指明了建设目标和方向，不仅要精于"授业"和"解惑"，更要以"传道"为责任和使命，时刻心系国家和民族，不忘所肩负的国家使命和社会责任。

（二）哲学学科教育

哲学（Φιλοσοφία, philosophy）按其希腊语词源是"追寻智慧"的意思，"philo"意为爱，"sophia"意为智慧。而中文的"哲"字最早可以追溯至金文"折"，最初从心，还有的金文字形"悊"带有一只眼观心，均意在说明慧由心生。《尚书》曰"知人则哲"，意即"哲即有智慧的人"。可见，不论中外，哲学都是以追寻智慧为己任的一门学科。

爱因斯坦认为：如果把科学理解为在最普遍和最广泛的形式中对知识的追求，那么，哲学显然就可以被认为是全部科学之母。而哲学又有广义和狭义之分，广义的哲学指人对世界观、价值观、人生观、认识论、伦理观等诸多问题的预设，而狭义的哲学即是作为学科的哲学，其任务则是批判地审视人们对广义哲学问题的预设的正确性。

哲学给出对世界本质的解释，在很大程度上影响着接受者的世界观。哲学最基本的问题是存在和意识的关系问题：物质和意识、思维和存在何为本源的问题决定了哲学两大派别的区分——唯心主义和唯物主义；对思维和存在的同一性问题的回答则将人类划分为可知论者和不可知论者……

然而哲学所讨论的并非仅限于抽象的形而上的问题，还涉及具体的方法论和实践。除了寻求真理（truth）以外，哲学还有另一层动机，就是寻求好的生活。行动都基于信念，基于真信念的行动要比基于假信念的行动更容易成功。可见，哲学学科教育除具有传授和研究学科知识外的功能，还能够影响人的世界观、价值观和方法论的形成，有助于人格和思维方式的形成，可以指导人的行动，指引人向着更好的方向发展，实现更好的生活和更高的人生价值。从此角度即可看出，哲学教育对于人的三观的塑造和指导实践的方法论的形成具有重要的作用，从某种角度而言，与思政教育有异曲同工之妙。

（三）哲学学科教育与思政教育的关系

通过上述简要分析可知，哲学学科教育与思政教育之间既有区别，又有所关联，这不仅为哲学学科课程思政建设提供了实施基础，也使哲学学科对其他学科课程思政建设起到借鉴和助推作用成为可能。

思政教育本身就是一个有待解读的概念。教育的概念本身就可区分出两个面向："教"更面向人的知识性能力的培养，如教会某项技能，教给某项知识，教给某种思维方式；而"育"更面向人的行动性能力的养成，育人往往有着行动的和道德的面向，它更强调在传授知识内容的基础上，培养学生实践所学（尤其是道德方面所学）的动力和能力。然而，在这种区分的基础上又要看到，好的知识本身就能提供实践的动力，而只有在实践中，在不断地与现实状况的互动中，一开始模糊的理论性的动力才能得到锤炼，从而真正转化为改变世界的实践力量。虽然马克思主义强调实践的优先性，但盲目的行动还算不上实践，好的实践恰恰是在与理论的互动中，在"实践、认识、再实践、再认识"的螺旋上升中不断弥补理论与实践之间的裂痕。

1. 教学内容具有关联性

二者在教育内容上有一定差异性，但诸多内容又相通，有极大关联度。例如马克思主义哲学是思政教育中最核心、理论性最强的内容，这也是哲学学科能为思政教育做出贡献的最关键的内容，成为联系思政教育和哲学学科专业教育的重要桥梁。再如，中国哲学以中国博大精深的哲学思想为研究对象，对其展开教学和研究，有助于弘扬中华优秀传统文化，树立文化自信、民族自信。又如，集中讨论道德问题的伦理学，以道德的产生、发展、本质、评价、作用以及道德教育、道德修养规律为研究对象，产生与思政教育内容相辅相成的作用。

2. 教育目标具有一致性

思政教育注重德、智的双重教育，意识形态属性是其基本属性之一。而哲学学科的专业教育也是旨在培养和发展学生的思维能力，以追求智慧为首要目的；同时，其法哲学、政治哲学等理论也涉及相当鲜明的政治、法治思想特征，有其政治性，潜移默化地影响意识形态。因此，可以说，二者都有塑造学生世界观、人生观、价值观的作用，而且都以此为教育目标。

3. 互为补充，相辅相成

鉴于以上两点，可见哲学学科专业教育和思政教育可以形成互补之势，以哲学学科专业教育丰富思政教育内容，从而提升思政教育的水平和层次；同时，又可以以思政教育为哲学专业教育提供导向，避免走向马克思主义哲学的对立面。正因如此，哲学学科的课程思政建设不仅不会妨碍专业教育，反而会使哲学学科专业教育和思政教育均得到提升。

然而，哲学教育中贯穿的思想的确又有其学科独特之处。借用海德格尔的说法，哲学教人"思"，而这一"思"则更强调其动词含义。也就是说，哲学最大的特点在于，其更强调培养学生思考的能力和习惯，比起直接告诉学生答案的"知其然"，更强调"知其所以然"。这一培养方向是贯穿整个哲学系教育的，在各个课程中，教师都非常强调与学生的课堂互动和研讨。但这种独特之处到底是"独特的优越"还是"独特的缺陷"？我们认为，这恰恰是哲学在思政教育上发挥作用的独特优势，而这种优势在当今时代尤其明显。

哲学所培养的思维方式，一般被称为批判性思维方式。然而，在康德研究、黑格尔研究等各种课程上，教师均会强调批判的重点不在于提出对立的观点本身，而在于在细致分析的基础上给出反对的理由。当然，这并不否认在批判中与错误观点划清界限的重要性，但这种批判的重点依旧在于培养一种理智的严肃和谦虚。哲学的思想政治教育所培养的不是"愤世嫉俗"却无力介入世界、从而实际上并不想改变世界的空想主义者，而是不断面对问题、解决问题的批判者；不是故步自封自说自话的独断主义者，而是能在与对方观点的碰撞中探寻真理的交流者。

这种倾向集中展现在马克思主义中，在马克思主义经典选读课程中，教师会强调科学社会主义之不同于空想社会主义，最重要的就是科学社会主义的批判是在对资本主义社会进行深入分析的基础上提出的批判。而对于当下中国来说，在中国共产党的领导下通过交往对话提出方案，对于任何试图改善社会、实现人的解放的想法来说，都是最大的、最显明的现实。

此外，随着改革开放的不断深化，中国与整个世界的交流不断加深。在文化方面，面对有差异性的其他文明，如果没有交流和分析对方观点的能力而只是掌握了某些具体答案，学生便很容易在各种诱导性话语中被说服。随着中国特色社会主义进入新时代和全球化的推进，具有中国特色的理论体系只能在与其他文明的交流和辩驳的基础上建立，而哲学思政教育的培养重心对于这一任务来说至关重要。只有在严肃的批判性工作中，有传统积淀且有说服力的创新才有所可能，中国特色社会主义才能不断焕发出新的生机。

哲学的批判并不导向丧失了立场和标准的怀疑主义。通过不断的揭示和挖掘，哲学教育使人认识到，人总是持守了一定的本体论、价值论立场。在不同的立场中，不一定有着绝对压倒其他一切立场的答案，但是在认识到不同的基础上，人与人之间彼此追求和平和认可的交流才能更加做到有的放矢，既能持守自己的立场，也能保持开放的态度。因而哲学教育培养的方向并不是自诩已经站在"客观中立"的高位上"指点江山"的态度，而是不断在差异中探讨、追求良好的共同生活的态度。从这种意义上说，哲学通过培养学生的怀疑批判能力，培养的是多元论而非一元论的态度，但这种多元论不是毫无标准的相对主义，而是能够在自我独立的基础上平等待人的交往多元论。这恰好契合了"人类命运共同体"构建的需要，人类命运共同体坚持"多元论"和"发展论"的辩证统一，而只有在揭示不同文明的差异，并且能够容忍差异的基础上，各个文明之间才能更好地做到"求同存异"，从而在共同发展的方面达成共识。接受了这种思维方式的哲学学生，在学术上更容易为人类命运共同体的阐释添砖加瓦，在共同体内部的生活中也可以滋养出一种更加开放包容的态度，从而推动人民对于人类命运共同体理念的实际认同和支持。

因此，哲学学科教育与思政教育之间互为补充，相辅相成，不仅其专业课程内容可以作为课程思政建设的良好载体，而且哲学学科强调的批判性不仅不会与思政教育形成冲突，反而有助于思政教育更好地实施和推广。

参考文献：

董尚文. 推进哲学教育课程思政建设的思考［J］. 学校党建与思想教育，2020（20）：42−44.

董尚文. 增强哲学通识教育课程思政教学的针对性和实效性［J］. 教师教育论坛，2020（7）：82−86.

张新科. 新时代高校课程思政话语哲学视域分析［J］. 江苏高教，2022（4）：90−95.

祁东方. 追寻人性之美——教育哲学课程思政的价值意蕴与旨归［J］. 学术探索，2022（2），139−145.

王晓杰. 浅议《生命伦理学》课程思政建设［J］. 中国校外教育，2017

（12）：277.

彭睿. 宗教学"课程思政"的内容与路径探索［J］. 南昌大学学报：人文社会科学版，2020（6）：112-118.

吴昕炜. 高校通识教育"课程思政"的马克思主义哲学资源——以《人文科学概论》课程为例［J］. 马克思主义哲学研究，2020（2）：323-330.

毛泽东. 毛泽东选集：第一卷［M］. 北京：人民出版社，1991.

来华留学研究生培养与管理研究[*]
——基于四川大学国际中文教育专业学位研究生的考察

李侠[1] 巫江[2]

(1 四川大学研究生院 四川成都 610065;
2 中共宜宾市委党校 四川宜宾 644002)

摘 要：来华留学研究生教育是中国高等教育不可或缺的重要组成部分。四川大学在培养留学研究生方面积累了丰富的经验，在课程体系、培养方式、论文答辩以及分流退出等方面都形成了具有川大特色的教育体系。未来，要以打造一流学科品牌为目标，以高素质师资队伍为主体，不断提升服务育人管理能力，完善资源配置，健全保障体系，推进来华留学研究生教育事业高质量发展。

关键词：来华留学研究生；培养；管理；国际中文教育

作为高等教育国际化的重要组成部分，来华留学生教育是我国教育面向世界的开放窗口。吸引大批优秀外国学生来华留学，特别是来华攻读研究生学位，不仅是我国高等教育质量受到国际认可的重要标志，也是建设高等教育强国应有的题中之意。

随着中国国际地位的提高和高等教育的不断发展，来华留学

---

[*] 本文系四川大学研究生教学改革研究资助项目"国际中文教育专业学位研究生实践教学体系改革与创新研究"（GSSCU2023008）的阶段性成果。

研究生教育受重视程度不断增强，提高来华留学生教育质量是国家对留学生教育的必然要求，也是扩大影响力、提高软实力、增强国际地位和声誉的内在需要（于桐，尚新生，彭晋，2024）。

一、来华留学研究生的教育发展现状

中国政府历来重视来华留学生教育，来华留学研究生教育的历史可追溯至20世纪50年代。但直至20世纪末，来华留学研究生数量仍不足3000人（陈强，2008）。随着中国经济的发展和国际地位的提高，以及教育质量和管理水平的提升，不但有国际学生招生资质的高校在增加，留学生的数量越来越多，而且来华学习专业选择面也越来越广，既有传统的语言学、文学，也有临床医学、工商管理、工程等，几乎覆盖了文理工医各个学科门类；学历层次也从以本科为主到学士与硕、博士研究生并重。据统计，2018年来华留学研究生数量为8.5万人，占来华留学学历生总数的33.0%[①]。此后由于受到新冠肺炎疫情的影响，来华留学生总数有所下降，但这一状况也正在逐步改善。

20世纪以来，中国政府颁布了一系列政策文件——从2000年《高等学校接受外国留学生管理规定》到2010年《高等学校接受外国留学生管理规定》，再到《国家中长期教育改革和发展规划纲要（2010—2020年）》等，这些都吸引了众多国际学生来华留学。特别是《留学中国计划》（2010）明确指出，要注重来华留学发展的质量和效益，打造中国教育的国际品牌。在此背景下，各高校在加强来华留学研究生教育方面也进行了积极探索和创新，不断推出更具竞争力的招生项目和课程，提高教学水平和服务质量。

---

① 数据来源：教育部. 2018年来华留学统计 [2019-04-12]. http://www.moe.gov.cn/jyb_xwfb/gzdt_gzdt/s5987/201904/t20190412_377692.html.

从招生方式来看，虽然高校的直接招生占比较高，但通过项目合作、中国政府奖学金或自筹经费等方式来华学习的研究生人数依然不少。从教学语言形式来看，包括全英文教学、中英双语教学和全汉语教学等。一般而言，留学研究生来华学习医学、理学、农学、工学以及社会科学等专业时，以前两种授课方式为主；而国际中文教育专业以培养汉语国际教师为目标，由于专业定位的特殊性，以全汉语教学为主。此外，很多高校在专业课程之外，为留学生提供丰富多彩的文化讲座和体验活动，使其更加了解当代中国，更快地融入本地生活。

总之，来华留学研究生教育是中国高等教育不可或缺的重要组成部分。而之所以越来越多国际学生愿意到中国高校求学，除了师资队伍、招生宣传、课程质量等方面的原因，完善的教学体系和管理服务也是成功吸引他们的因素。

二、国际中文教育专业来华留学研究生的川大教育

自 2004 年我国正式设立孔子学院以来，经过近 20 年的发展，已经基本建成了一个覆盖面广、层次多元的国际中文教育体系（张杰，2022）。为了满足世界各地的中文教育需求，培养一支高质量的国际中文教育师资队伍就显得尤为重要。四川大学作为国家布局在中国西部的重点建设的高水平研究型综合大学，不仅招收了大量来华攻读临床医学、商学、计算机科学等专业的留学研究生，而且培养了大批国际中文教育专业的学生。他们毕业后在全球从事汉语教学与中文传播工作，以亲身经历"讲好中国故事"，为推动国际中文教育事业的发展贡献了自己的力量。

四川大学早在 2007 年就开始招收国际中文教育（汉语国际教育）专业学位硕士研究生，2009 年开始国际中文教育专业的留学研究生培养工作，疫情之后每年大约有 40 名来自美国、日本、韩国、俄罗斯、瑞士、阿根廷以及南非等国家的留学生来川

大攻读硕士学位。国际中文教育专业隶属于文学与新闻学院，由中国语言文学一级学科下所有具备硕士招生资格的研究生导师负责培养，这就使得该专业的研究生不仅具有扎实的汉语语言知识，在学习期间也能够广泛涉猎中国的文学与文化，还可以借助学院"新闻传播学"的学科优势，成为既懂汉语教学又能够向世界传播中国文化的使者。近年来，在学校和学院的正确领导下，国际中文教育专业的来华留学研究生教育进行了积极的改革探索，并取得了一些显著成绩。

在培养目标方面，四川大学国际中文教育专业致力于培养"具备从事国际中文教学实践及相关研究所需要的专业素养、技能与方法，适应国际中文推广工作、胜任多种汉语教学任务的高层次、应用型、复合型专业人才"。从培养方式来看，学院采用全日制培养方式，课堂学习要求留学生和中国学生"同堂同卷"，毕业授位也必须达到同样的条件，即用中文写作完成毕业论文的同时，还必须公开发表至少一篇学术论文，并没有因为他们是留学生而降低标准。此外，为了帮助国际学生更好地适应留学阶段的学术生活，学院还特别加强学术活动和科研训练，通过组织中外学生共同研讨论文、进行会议交流等，为留学研究生提供学业规划、指导和帮助，构建"人类命运共同体"理念下的"学术利益共同体"。

特别值得一提的是，部分留学研究生由于学习基础、思维方式、文化背景和生活习惯等方面的差异，存在不同程度的学业进度难以同步的情况，导致出现延期毕业甚至退学的现象。针对这一情况，文学与新闻学院和研究生院联合国际交流合作处、留学生管理办公室等部门积极作为，构建了留学研究生学业预警与分流退出机制。在入学注册、课程学习、中期考核、论文开题、毕业论文预答辩、查重外审以及正式答辩、学位评定等环节，做好预警，加强管理，这一机制的实施从制度上确保了来华留学研究生的整体质量。

三、来华留学研究生的培养机制改革与高质量发展路径

一般而言，衡量一个国家高等教育国际化水平的重要指标就是国际学生的占比，即所谓的"国际化率"。高校作为开展留学研究生教育的主体单位，不但要扩大招生宣传，从数量上提高这一指标，更要从课程体系建设、培养方案设计、教学师资队伍架构、管理手段模式完善等方面做好机制改革，推动我国留学研究生教育高质量发展。

首先，要以打造一流的学科品牌为目标，做好专业课程体系建设。四川大学国际中文教育专业以教育部第五轮学科评估"A+"专业中国语言文学为支撑，努力建设一流课程体系。如果说在来华留学研究生教育的初级阶段，英语语言教学是吸引国际学生的一种手段，那么随着中国高等教育实力的提升，完善专业课程中文教学体系才是参与国际教育竞争的必备条件。各高校要依托优势学科，将专业课程教学和中文语言教学相结合，同时抓好特色建设，开设更具学校特质、展示中国发展成就的通识类、文化类课程，努力打造具有中国特色和世界一流品质的学科品牌。

其次，要以高素质的师资队伍为主体，推动留学研究生教育持久健康发展。一方面，导师作为留学研究生的第一责任人，在研究生教育事业中发挥着重要的作用。导师要明确立德树人的职责，坚持教学与科研并重，坚持科学创新。四川大学对每一位研究生导师提出的"七导"——"导思想、导人生、导学习、导科研、导心理、导生活、导就业"要求，同样适用于指导留学研究生。另一方面，打造高水平的教学团队同等重要。每一位教师都应该在具备过硬的政治素质、高尚的师德师风、精湛的业务素质的同时，不断开阔自己的全球视野，要站在国际学术前沿，将其与中国的发展和教育实际相结合，才能真正将来华留学研究生教育事业做大做强。

再次，要对标世界一流高校的国际学生管理工作，提升来华留学服务育人管理能力和水平。一直以来，国内高校对留学生的管理普遍以"家长式"为主。这种管理方式不但不利于留学生的成长。因此，要转变传统的管理理念和模式，将管理育人与服务育人相结合，将"三全育人"的理念贯穿国际学生的日常管理。同时，还要在工作中不断总结经验，做好管理研究，积极思考并总结不同国家、不同学科留学研究生的教育发展特点和规律，做好理论创新与实践创新。

最后，要不断完善教育资源配置，健全来华留学研究生教育质量保障体系。目前，多数高校留学生事务管理主要采用两种模式：内部职能型管理模式和外部事业部型综合学院管理模式为（彭庆红，李慧琳，2013），已形成来华留学研究生教育"特殊化"和"边缘化"共存的现象。在以"提质增效"为特征的新的历史时期，管理模式的结构性问题已经凸显，应采取得力举措破除体制机制障碍，加快来华留学研究生与中国学生"趋同化"管理进程，构建充满活力、富有效率、更加开放、有利于来华留学研究生教育科学发展的体制机制（程伟华，张海滨，董维春，2018）。

四、结语

面对百年未有之变局，我国的来华留学研究生教育也面临着前所未有的新形势、新机遇。来华留学研究生教育不但要根据研究生自身学习需求、所属学科的特点以及高校所具有的教学资源等分类开展，也必须与我国的社会发展相适应，使来华留学研究生在打好专业知识基础、开阔国际视野、提高创新能力的同时，成为兼具较高人文与科学素养的知华、友华、爱华的新时代留学研究生，为实现一流水平的来华留学研究生教育和我国高等教育高质量发展做出应有的贡献。

参考文献：

陈强. 改革开放 30 年来华留学研究生教育的回顾与思考 [J]. 学位与研究生教育，2008（6）：55－64.

程伟华，张海滨，董维春. "双一流"战略引领下的来华留学研究生教育发展探析 [J]. 研究生教育研究，2018（3）：70－76.

彭庆红，李慧琳. 高校来华留学生事务现行管理模式分析与分层管理模式探索 [J]. 现代大学教育，2013（1）：51－53.

于桐，尚新生，彭晋. 来华留学研究生教育发展及培养模式研究 [J]. 中国冶金教育，2024（1）：25－28＋32.

张杰. 符号叙述学视角下的孔子学院网络传播优化策略 [J]. 天津外国语大学学报，2022（3）：61－68.

研究生教育"一级学科"模式与"二级学科"模式研究

江虎继

(四川大学发展规划处　四川成都　610065)

摘　要：研究生教育从"二级学科"模式转变为"一级学科"模式，模式变化背后有多重因素考量，其多重影响需要我们思考，应妥妥处理与一级学科、二级学科的关系。

关键词：研究生教育；模式；一级学科；二级学科；比较

　　国务院学位委员会公布的研究生学科目录（以下简称学科目录）分为一级学科、二级学科，二级学科是一级学科的基本组成单元。研究生教育依据学科目录开展工作，研究生教育模式也因学科目录变化而变化。国务院学位委员会先后发布了五版学科目录（1983年版、1990年版、1997年版、2011年版、2022年版），其中前三版学科目录均公布了一级学科、二级学科，而从第四版学科目录开始，仅公布一级学科，未公布二级学科。与此相应，研究生教育工作经历了从"按照二级学科授权、二级学科招生、二级学科人才培养"模式（以下简称"二级学科"模式）到"按照一级学科授权、一级学科招生、一级学科人才培养"模式（以下简称"一级学科"模式）的变化。从"二级学科"模式到"一级学科"模式，表面是因学科目录引发的工作方式的变化，其背后反映了研究生教育理念、逻辑的变化。研究生教育模式变化后的利弊影响,值得深入思考。

一、研究生教育模式变化情况

国务院学位委员会1981年起按照二级学科授权,后自1998年起按照一级学科授权后,在学科建设与评估、研究生招生、研究生人才培养等环节引发研究生教育模式连锁反应,分析其变化情况有助于理解工作现状。

(一)学位授权模式变化

自1981年教育部首次开展研究生学位点授权审核工作以来,国务院学位委员会累计开展了13次学位授权点审核工作,前6批学位授权点审核工作均按照二级学科开展,第7批(1998年)学位授权点审核工作时,国务院学位委员会开展了按照一级学科授权试点工作,同时保留了按照二级学科授权,至第11批(2011年)学位授权审核工作,教育部按照一级学科口径授权,不再按照二级学科口径授权。

(二)学科评价模式变化

自1986年以来,教育部先后开展了三批重点学科遴选工作,总计遴选了286个一级学科国家重点学科、677个二级学科国家重点学科、217个国家重点(培育)学科。2017年启动"双一流"建设以来,共开展了两轮遴选工作,首批"双一流"建设学科遴选一级学科465个,第二批遴选一级学科436个(不包括北京大学、清华大学自定一流学科),并在第二批一流学科中遴选一流培优学科。总的来看,重点学科按照二级学科遴选,后扩展到同时按照一级学科、二级学科遴选,"双一流"学科按照一级学科遴选,依工作经验来看,学科评价按照"一级学科"模式已成趋势。

(三)人才培养模式变化

自1981年开展研究生教育以来,高校按照"二级学科招生、二级学科培养",即便1998年学位授权按照一级学科开展后,高校普遍仍采用"二级学科"模式,直至2011年国务院学位委员会不再公布二级学科后,部分高校博士研究生教育逐渐开始采用"一级学科"模式,近年来部分高校硕士研究生教育也开始采用"一级学科"模式,特别是2019年教育部提出大力推进按照一级学科命题的要求后,研究生教育采用"一级学科"模式已成趋势,但不同高校不同学科,仍有"一级学科""二级学科"混合采用情况(刘希伟,2023),有些高校相同一级学科在不同院系采用不同模式也并非个例。总的来看,高校采用"一级学科"模式已成趋势,但"二级学科"模式仍有很高的占比,高校采用何种模式,未形成压倒性的共识。

二、研究生教育模式变化的原因

学科目录初始定位是为人才培养与学位授予提供依据,但在实践过程中,已突破原始定位,在院系设置、师资评聘、资源分配等方面发挥引导作用。正是基于此,"二级学科"模式转变为"一级学科"模式,其背后考量有多方面因素。

一是人才培养模式的考量。按照"二级学科"模式,人才培养面较窄,而按照"一级学科"模式,则相对较宽。例如,1997年版学科目录设有386个二级学科,而2011年版学科目录只设有113个一级学科,不设二级学科。从"二级学科"模式改为"一级学科"模式后,数量降为原来的三分之一左右,而这一转变的初衷就是解决研究生培养口径太窄的问题。

二是扩大高校人才培养自主权的考量。"一级学科"模式有利于扩大高校办学自主权,提升高校对社会需求反馈的灵敏度。2011年后高校可自主设置目录外二级学科,可以根据经济社会对人才的需求及时设置新的学科专业,或者按照一级学科招生,下设学科方向,学科方向可以根据实际情况调整。

2019年教育部陆续批复32所学术声誉较高、培养质量较好的高校为学位授权点自主审核单位，可以自主设置一级学科、交叉学科及专业学位，进一步提升高校办学的自主性、积极性、能动性。

三是促进学科交叉相互渗透的考量。"二级学科"模式下学科壁垒化不利于学科交叉融合发展，"一级学科"模式有利于从宏观上优化资源配置，统筹一级学科下优势学科方向、各二级学科之间的发展关系，促进二级学科间相互交叉渗透。"一级学科"模式有利于学科群的构建，学科群既可以是不同一级学科之间的交叉，也可以是不同一级学科与二级学科之间的交叉，学科群有助于带头交叉学科、新兴学科的发展。

三、研究生教育模式变化的反思

研究生教育模式由"二级学科"模式转变为"一级学科"模式，其初衷是推动研究生教育模式变革，但其影响需要我们思考。

研究生教育模式深受学科目录变化影响，而学科目录的修订是教育行政主管部门、高校、行业、社会等多方博弈的结果，是国家行为、知识创新、行业产业变革、社会需要等多种因素共同作用的产物，由此学科目录的制定存在多重逻辑，这导致学科目录中学科门类、学科内涵宽窄不一、个别学科跨越幅度过大等现象，受此影响，一刀切的"一级学科"模式势必导致某些内涵较大的一级学科内部协调困难，在招生、课程、授位等环节"众口难调"。

高校自主设置二级学科，本意是扩大高校办学自主权，但有些高校的自设二级学科过细过多，将有些适宜作为三级方向的增列为二级学科，有自立山头嫌疑，有些自设二级学科设立时间仓促，显得缺少内涵。有些高校在一级学科下设置培养方向，变化过于频繁而显得"随意",相比传统的目录内二级学科,缺少权威性(刘小强,2019)。

因此,值得反思的是,任何学科都有可能随着创新驱动力的减弱而逐渐陷入低潮,但亦可能随着新的创新突破而重新兴起,这就存在相对长期的酝酿和积累周期,如果在其低潮期,研究生教育模式随着学科目录的变化而表现出"随意性",无疑不利于人才培养的延续性。因此,研究生教育模式应当避免唯学科目录倾向,防止简单的"一刀切"现象。

四、研究生教育模式的建议思考

研究生教育模式应当处理好稳定性与灵活性的关系,处理好与学科目录的关系。在学科授权、学科评价、人才培养上"因地制宜",不宜"一刀切"。

在学科授权上,按照一级学科授权,处理好一级学科内涵口径大小问题。一级学科内涵体量应当适中,不宜过宽过大。当前学科目录中,一级学科内涵有大有小、参差不齐,某些学科内涵过小,与其他学科内涵高度重叠,如系统科学;某些学科内涵过大,如临床医学,与医学同门类其他学科相比,可以称之为"巨无霸"。故可将学科内涵范围过大的一级学科适当拆分,以历史学学科为例,1997年版及以前学科目录,历史学为一级学科,下设考古学及博物馆学、中国古代史、中国近现代史、世界史等7个二级学科,按照"二级学科"模式,容易造成懂近代史不懂古代史的问题。而2011年版学科目录将历史学这个一级学科拆分为考古学、中国史、世界史三个一级学科,按照"一级学科"模式人才培养,学科内涵体量划分相对合理。又例如,材料科学与工程学科是由金属材料、无机非金属材料、高分子材料等二级学科按照学科属性"拼合"的,虽然有一定的共性基础理论,但各二级学科内涵差异很大,材料科学与工程学科内涵有过大之嫌，虽然大家都在谈论材料，但往往是此材料非彼材料，同行未必了解同行，如何适当拆分材料科学与工程这个一级学科值得思考。

在学科评价上，按照学科内涵大小分类评价，保留一级学科和二级学科两条评价通道。参考重点学科评选、"双一流"学科遴选的工作经验，按照一级学科或按照二级学科进行学科评价都有一定的合理性，因此可行的方案是依据学科内涵大小决定采用何种学科口径，一级学科内涵相对较小的学科，如口腔医学、考古学、生态学、光学工程、生物医学工程等，参照一级学科评价；但对于学科内涵较大的一级学科，如临床医学、材料科学与工程，下设的二级学科数量多且二级学科之间内涵差异较大，则参照一级学科或二级学科评价。比较而言，即使是国内高水平大学，也很难建好建强这类一级学科的各个二级学科，通常都是在部分二级学科上突出优势特色，保持在国际国内的顶尖一流水平。

在人才培养上，应当在一级学科培养基础上保持相对规范稳定的学科方向，处理好一级学科与学科方向的关系。高校在设置学科方向时既要有自主性、灵活性，适应新一轮科技革命和产业变革的需要，又要兼顾学科方向设置的规范性、科学性。国务院学位委员会在公布新版学科目录时，配套公布学科简介，内含指导性的学科方向或学科范围。高校在制定学科方向时，应遵循国务院学位委员会的指导文件，同时对学科方向设置的必要性、可行性以及发展前景等进行充分论证，学科方向应当内涵清楚，发展规划具有相对稳定性，设置条件具有科学性，流程规范具有权威性。学科方向的设置应当与导师队伍、人才培养与学位授予管理紧密衔接，学科方向不仅应有一定数量稳定的高水平导师队伍，能够开设丰富的学科方向专业课程，同时应减少学科方向之间的隔阂壁垒，打破二级学科界限，促进交叉人才培养。

参考文献：

刘小强，蒋喜锋. 论一级学科政策下二级学科的"生存之道"[J]. 江西师范大学学报（哲学社会科学版），2019（3）：92-98.

刘希伟. 按一级学科还是二级学科：教育学硕士考试招生模式探究[J]. 教育与考试，2023（1）：50-56.

张春元，李俭川. 坚持一级学科发展思路提升学科核心竞争力[J]. 学位与研究生教育，2010（1）：40-46.

张卫刚. 关于一级学科授权后研究生工作的一些思考[J]. 学位与研究生教育，1999（6）：57-60.

人工智能赋能研究生外语教学发展方向探究

赵旖旎

(四川大学外国语学院　四川成都　610207)

摘　要：本文旨在探讨人工智能如何赋能研究生外语教学，分析其在研究生外语教学中的应用现状和面临的挑战，探讨人工智能赋能下研究生外语教育教学的发展方向，并提出一条具有鲜明特色的聚焦教学团队建设、教学评估与反馈机制、构建智能化教学平台、实践教学与科研教学结合的人工智能赋能研究生外语教育教学改革路径，以期更好地探索人工智能与外语教学的深度融合，推动外语教学的创新发展。

关键词：人工智能；研究生外语教学；智能辅助教学；个性化学习

　　研究生外语教学是高等教育的重要组成部分，对于培养具有国际视野和跨文化交际能力的高层次人才具有重要意义（陈丽屏，2019）。然而，传统的外语教学模式存在诸多问题，如教学资源有限、教学内容单一、教学效果难以保证等，在应对个体差异、提高教学效率等面临存在诸多挑战。而人工智能技术的迅猛发展正为教育领域带来革命性的变革，为研究生外语教学的改革与发展提供了新的思路和方法，其智能化、个性化的特点为研究生外语教学带来了新的机遇与挑战。通过自然语言处理、机器学习等技术，人工智能可以对研究生的语言技能进行精确的评价，并提供个性化的学习资源和教学策略，从而有效提高教学效果。此外，人工智能能够有效协助教师优化课堂教学流程，降低工作强度，从而显著提升教学效率与质量（周雨萌，2024）。

然而，人工智能在研究生外语教学中的应用也面临着一些挑战。例如，技术瓶颈限制了人工智能在外语教学中的应用范围，教师角色的转变需要教师具备新的教学理念和技能，学生适应性问题也需要得到妥善解决。因此，如何在充分发挥人工智能优势的同时克服其带来的挑战，是研究生外语教学领域亟待解决的问题。

一、人工智能在研究生外语教学中的应用现状

人工智能技术在教育领域的应用已经取得了一系列成果，并且在研究生外语教学中的应用呈现出蓬勃发展的态势，其在多个方面为研究生外语教学带来显著的改变和提升。例如，智能化教学系统、智能辅助教学工具、智能化评价系统等应用广泛，极大地丰富了教学手段和方法。

在教学资源方面，人工智能为研究生外语教学提供了丰富的学习材料和个性化学习路径。传统的外语教学资源有限，而人工智能则可以通过大数据分析和自然语言处理技术，从海量的网络资源中筛选出适合研究生的学习材料。这些材料不仅涵盖了各个领域的专业术语和表达方式，还能够根据学生的学习进度和兴趣进行个性化推荐，从而极大地丰富了教学内容。通过自然语言处理、机器学习等技术，搭建智能教学系统，能够根据学生的语言水平、学习风格和学习目标，为其推荐合适的阅读材料、听力素材、口语练习题目等，从而实现精准化教学。

在教学方式方面，人工智能对传统外语教学模式进行了革

新,使得教学更加智能化和高效化。例如,智能语音助手可以实时纠正学生的发音错误,提供语音反馈;智能写作批改系统可以自动检测学生作文中的语法错误、拼写错误等,并给出修改建议;智能翻译工具可以帮助学生快速理解并翻译外文资料,提高学习效率。人工智能还可以通过智能语音识别和语音合成技术(蔡征,2019),实现在虚拟语境中与学生的实时互动,有效提升学生的学习效率及语言运用能力。

在教学评价方面,传统的外语教学评价往往依赖人工批改和评分,存在主观性强、效率低下等问题。而人工智能则可以借助智能语音识别技术,对学生的语言输出进行自动评估和打分,从而更加客观、准确地反映学生的语言水平,给出准确的分数和反馈。这种评估方式不仅能减轻教师的工作负担,还能为学生提供更加及时、准确的反馈,帮助他们更好地调整学习策略。

虽然人工智能在研究生外语教学中取得了一定的成效,但我们不可忽视其仍面临的挑战和问题。例如,如何确保教学资源既准确又具有时效性?如何确保与学生的有效互动?如何进一步提高评估的准确性和公正性?这些问题需要我们在未来的实践中不断探索和解决。

二、人工智能赋能下研究生外语教学的发展方向

(一)提升教学质量

第一,个性化教学。人工智能技术可以深入分析每个研究生的学习行为、学习特点、兴趣和能力等数据,从而为每个研究生提供定制化、个性化的学习资源和路径,有助于解决传统教学中"一刀切"的问题,使教学更加符合研究生的个性化需求。

第二,智能评估与反馈。传统的评估方式往往依赖人工批改和评分,效率较低且可能存在主观偏差。而人工智能可以自动对学生的作业、口语表达等进行快速准确的评估,为确保研究生在学习过程中能够及时获得指导与帮助，人工智能可以提供准确且及时的反馈与建议，以协助学生识别并纠正错误，进而优化学习策略，提升学习效果。

第三，智能辅助教学。开发智能化的教学辅助工具，如语音识别系统、机器翻译系统等多功能集成一体化平台，帮助教师更加高效地进行课堂教学，帮助学生提高语言听说读写能力，拓展教学手段和方法。

（二）优化学习体验

第一，智能学习助手。基于大模型的人工智能可以作为学生的学习助手，提供实时在线答疑、智能推荐学习资源、学习视频自动识别等功能，使学习过程更加便捷和高效。

第二，虚拟学习环境。借助虚拟现实（VR）和增强现实技术（AR），可以创建逼真的外语学习环境，让学生在沉浸式的体验中提高语言应用能力。

第三，跨文化交际。利用人工智能技术，构建虚拟语言环境和跨文化交际平台，帮助学生提高跨文化交际能力，促进国际交流与合作。

（三）推动教育创新

第一，教学模式创新。人工智能可以推动研究生外语教学模式的创新，如人机协同教学、线上线下融合教学等，打破传统教学的时空限制，提供更加灵活多样的学习方式。

第二，教学资源创新。人工智能可以协助教师开发新的教学资源，如智能课件、互动教材等，丰富教学内容和形式，提高教学吸引力。

（四）教师角色转变与能力提升

第一，教师角色转变。在人工智能的赋能下，教师的角色将从传统的教育者转变为学生学习过程中的策划者、引导者和合作者，更加注重培养学生的自主学习能力和创新思维（林晓玲，陈政雄，吴小贞，2023）。

第二，教师能力提升。教师需要不断提升自己的信息素养和技术应用能力，熟练掌握人工智能以及其他新兴技术在教育领域的运用技巧，以更好地适应和推动外语教学的创新发展。

三、人工智能赋能下的研究生外语教育教学改革路径

人工智能赋能下的研究生外语教育教学改革路径主要聚焦于教学团队建设、教学评估与反馈机制的完善、构建智能化教学平台、实践教学与科研教学的结合等方面，如图1所示。

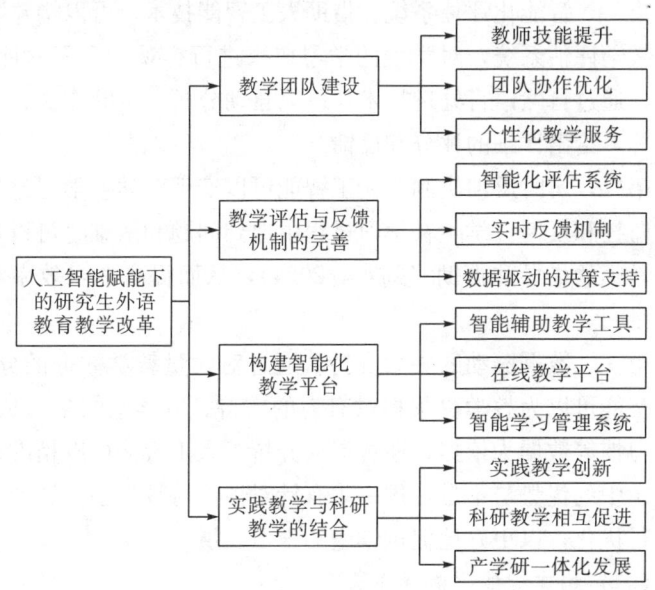

图1 人工智能赋能下的研究生外语教育教学改革

（一）教学团队建设

第一，教师技能提升。利用人工智能技术，可以对教师进行智能化的培训，帮助他们提升外语教育教学能力。例如，通过智能语音分析系统，教师可以分析自己的发音、语调等，从而提高

自己的口语教学水平。

第二，团队协作优化。人工智能平台可以促进教师之间的协作与交流，形成更加高效的教学团队。例如，教师可以通过在线平台共享教学资源、教学经验，共同研讨教学方法，从而提升整个团队的教学质量。

第三，个性化教学服务。人工智能能够根据学生的学习需求和能力，为教师提供个性化、定制化的教学建议和资源推荐。这有助于教师更好地了解学生，因材施教，提高教学效率。

（二）教学评估与反馈机制的完善

第一，智能化评估系统。借助人工智能技术，可以构建智能化的教学评估系统，对学生的学习成果进行客观、全面的评价。例如，通过自然语言处理技术，可以自动分析学生的作文、口语表达等，给出详细的评分和反馈。

第二，实时反馈机制。人工智能可以实现对学生学习过程的实时监控和反馈。学生在学习过程中遇到问题和困难时可以及时得到教师的指导和帮助（刘爽，2024），从而提高学习效率和学习质量。

第三，数据驱动的决策支持。通过对大量教学数据的分析，人工智能可以为教学决策提供有力的支持。以学生的学习成绩、学习习惯等数据为依据，通过深入分析，人工智能可以精准地把握教学中的优势与不足，进一步有针对性地对教学手段和课程内容进行优化，以更好地促进学生的学习发展。

（三）构建智能化教学平台

第一，智能辅助教学工具。引入智能辅助教学工具，如智能翻译、语音识别、智能批改、在线词典等，帮助研究生进行语言练习、语法纠错、作文批改和口语评估等。例如，智能作文批改系统能够自动检测学生作文中的语法错误、词汇使用不当等问题，并给出相应的修改建议。

第二，在线教学平台。搭建在线教学平台，利用人工智能技术进行智能化管理。平台可以提供在线课程、学习资源、互动交流等功能，使学生能够随时随地学习，打破时间和空间的限制。

第三，智能学习管理系统。利用人工智能技术构建学习管理系统，通过对学习数据的挖掘和分析，对学生的学习进展情况、成绩和反馈进行实时监控和分析，并制定更加针对性的教学方案。并且智能学习管理系统可以自动生成学习报告和评估结果，为教师提供数据支持。此外，学生亦可依据自己的学习节奏和兴趣偏好，自主选择学习内容和方式，实现个性化学习（赵婵，2023）。

（四）实践教学与科研教学的结合

第一，实践教学创新。人工智能可以为实践教学提供丰富的资源和手段。例如，通过虚拟现实技术，可以创建真实的外语交际场景，让学生在模拟环境中进行语言实践；通过智能语音对话系统，可以为学生提供与外国人的实时交流机会，提升他们的口语交际能力。

第二，科研教学相互促进。人工智能技术本身就是一个充满研究价值的领域。将人工智能引入研究生外语教育教学，不仅可以提升教学质量，还可以为学生提供参与科研的机会。学生可以通过参与人工智能相关项目的研究，深入了解人工智能技术的原理和应用，有助于提升他们在科学研究和创新方面的能力。

第三，产学研一体化发展。与产业界和研究机构合作，可以实现人工智能技术与研究生外语教育教学的深度融合，有助于将最新的科技成果引入教学，促进教学内容的更新和教学手段的革新；同时，也可以为产业界培养具备外语能力和人工智能技能的高素质人才，推动产业的创新发展。

四、结语

人工智能技术的飞速发展,为研究生外语教学的改革与发展提供了前所未有的机遇,同时也带来了诸多挑战。加强技术研发与创新、构建教师队伍提升教师信息素养、注重学生隐私保护和数据安全以及加强跨学科合作与交流等措施,可以充分发挥人工智能在外语教学中的优势,共同探索更加高效、个性化的外语教学模式,推动外语教学的创新发展。未来,随着技术的不断进步和应用场景的不断拓展,人工智能将在研究生外语教学中发挥更加重要的作用。

参考文献:

陈丽屏. 基于教育生态理论的大学英语翻译教学[J]. 英语广场, 2019, (12): 41-44.

蔡征. ESP视角下人工智能在医学英语教学中的应用路径[J]. 科教导刊(下旬), 2019 (36): 88-89.

林晓玲, 陈政雄, 吴小贞, 等. "AI+教育"视域下外语教师专业发展研究[J]. 湖北成人教育学院学报, 2023, 29 (4): 29-34.

刘爽. 大数据赋能英语翻译教育模式探究[J]. 现代商贸工业, 2024, 45 (8): 45-47.

赵婵. 信息化手段在高职普通话教学中的问题及对策研究[J]. 现代职业教育, 2023 (32): 149-152.

周雨萌. 探索人工智能时代下的教育教学创新[N]. 深圳特区报, 2024-02-25 (A02).

"五育融合"视域下"双一流"高校翻译硕士人才培养机制研究[*]

韦足梅[1] 韦李娜[2]

(1 四川大学外国语学院 四川成都 610207;
2 四川天府新区第四小学 四川成都 610213)

摘 要：经过十余年的发展，翻译硕士专业化人才培养已初具规模，但是高端翻译人才和非通用语种翻译人才不足、实践能力欠缺、激励不足、培养机制完善等问题仍然存在。在专业排名上，开设此专业的"双一流"高校办学层次存在差异。本文旨在探究"双一流"高校基于"五育融合"理念，完善翻译硕士人才培养机制的有效路径。在"五育融合"视域下，秉持"全人发展"的教学目标；挖掘五育各要素，构建融合课程；打造五育融合的资源共同体；建立标准化的融合评价体系，进而实现培养德智体美劳全面发展、身心协调、知能善审、情感充沛的翻译人才的目标。

关键词："五育融合"；"双一流"高校；翻译硕士；人才培养机制

---

[*] 本文系 2023 年四川大学研究生教育教学改革研究项目"基于'五育融合'视域下双一流高校翻译硕士人才培养机制研究"结项成果（立项编号：GSSCU2023131）。

一、引言

为适应我国改革开放和社会主义现代化建设事业发展的需要，促进中外交流，培养高层次、应用型高级翻译专门人才，在2007年1月召开的第23次国务院学位会议上，全票通过设立"翻译硕士专业学位"（Master of Translation and Interpreting, MTI）。经过十余年的发展，"翻译"由外语类专业的一门课程逐渐成为一个多层次、多类型的专业化人才培养体系。在国务院学位办2021年发布的《关于对〈博士、硕士学位授予和人才培养学科专业目录〉及其管理办法征求意见的函》中，翻译与外国语言文学、中国语言文学并列为文学类下属一级学科，说明翻译专业的独立性与重要性。截止到2024年，通过中国研究生招生信息网（简称"研招网"）的硕士专业目录查询，共有316所院校开设此专业。147所"双一流"院校中，共有116所院校开设此专业，说明MTI专业在教育领域占据重要地位[①]。

二、MTI人才培养中存在的问题

中国翻译协会发布的《2023中国翻译及语言服务行业发展报告》（以下简称《报告》）指出，全国高等院校翻译硕士专业累计招生人数为11.5万人，毕业生约9.7万人，培养方向包括英语、俄语、日语、法语、德语、朝鲜语、西班牙语、阿拉伯语、泰语、意大利与越南语等11个语种[②]，翻译人才培养已具规模，翻译培养体系已初具雏形。同时，《报告》反映出我国翻译

---

① 数据来源：研招网．硕士专业目录［2023-10-2］．https://yz.chsi.com.cn/zsml/zyfx_search.jsp.

② 数据来源：中国外文局．中国翻译协会发布《2023中国翻译及语言服务行业发展报告》和《2023全球翻译及语言服务行业发展报告》［2023-10-1］．http://www.cicg.org.cn/2023-04/04/content_42319983.htm.

人才队伍建设存在高端翻译人才和非通用语种翻译人才不足、实践能力欠缺、激励不足、培养机制不完善等问题。这从侧面反映出高校翻译硕士专业人才培养机制需要进一步完善，以促进该专业学生的综合能力的提升。

翻译本身具有职业与学科的双重身份，这使得翻译专业人才培养与传统外语人才的培养有所差异，既要以应用型、专业性人才为培养目标，也要注重研究能力培养、人文素养的养成以及社会对翻译职业的要求。目前，翻译学获得独立学科身份的时间相对较短，尚未形成学科独立性意识，导致翻译学研究能力培养未能引起足够重视。翻译专业人才现有的培养机制尚未摆脱既往外语人才培养框架下翻译人才培养的陈旧理念和做法，仍遵循了学术学位培养模式，缺乏职业翻译教育以及与翻译行业的练习，使得课程内容与社会需求脱节，高端翻译人才匮乏。人工智能时代的发展、ChatGPT的诞生也对翻译提出新的挑战，应用型翻译人才会大量被机器翻译取代，而母语能力强，熟练掌握一到两门外语，具备跨文化交际能力、良好的人文素养、工具运用能力，通晓国际贸易、经济、法律等规则的高端口笔译人才与高级翻译及研究人才能有较好的出路。这就要求高校在进行翻译硕士专业人才培养时，需认真落实"五育融合"的理念，并将该理念与人才培养机制紧密结合。

三、"五育融合"理念内涵

2019年，中共中央、国务院印发了《关于深化教育教学改革全面提高义务教育质量的意见》，提出"五育并举"的指导方针，要求"突出德育实效""提升智育水平""强化体育锻炼""增强美育熏陶""加强劳动教育"。"五育"并非彼此独立，而是"五位一体"的，"五育融合"与"五育并举"是手段与目的的关系（李振涛，2020）。一方面，"五育融合"是一种培育"完整的人"的全人教育路径，是对"五育并举"的超越；另一方面，它也是一种适应我国教育特点的本土化跨领域融合教育范式，是一种比跨学科教育层次更高的跨领域教育（钟柏昌，刘晓凡，2022）。因此，在翻译硕士专业人才培养中，深刻理解德智体美劳全面的本质内涵，构建"五育融合"培养体系，有助于摆脱该专业面临的问题。

"五育融合"从整体上回答了我国新时期"如何培养人"这一问题，旨在通过"融合"的路径实现德、智、体、美、劳全面发展，具有均衡性、平等性、关联性、整体性等特点（刘登辉，李华，2020）。"五育融合"是在特定逻辑指导下进行的有组织、有目的的活动；不仅是对德智体美劳各育的有机融合，也包含对未分化、边缘化、隐性化的重要教学资源的融合；是目标、内容、实施三个层面的融合，需一致性回答"教什么""为什么教""怎么教"的问题，在目标层面，把分立的目标统筹到全面发展的范围内，并在目标系统之间实现有机的统一与衔接；在内容层面，把其他各育融入"此育"当中，融合各育为一个有机的整体；在实施层面，选择适切融合式课程和有助于融合课程实施的策略、方式和方法（刘登辉，李华，2020）。在翻译硕士专业人才培养中，应在目标、内容与实施层面，将德智体美劳各育有效融入，切实推动目标融合、内容融合、资源融合、教学融合和评价融合。

四、"五育融合"人才培养机制建设

（一）自上而下，秉持"全人发展"育人目标

育人目标贯穿教育的始终，既为翻译硕士专业人才培养指明方向，也为衡量翻译人才提供标准。在翻译硕士专业人才培养方案的制定中，学校全员应秉持全人教育、"五育融合"的理念，将培养目标定位于"培养完整的人"，为保证该目标的

实现，各层级、主体都应清晰地认识、理解并努力践行。高校领导班子需明确"全人发展"理念并形成纲领性文件。外国语学院领导应深刻领会"全人发展"理念并引导全体师生学习践行。翻译硕士专业任课教师应以"五育融合"教学观为前提，以发掘各育要素为基础，以润物细无声的方式在课堂中实现"五育"，达成全人教育目标。翻译硕士专业学生应深刻理解"全人发展"理念，并以此为基准严格要求自己，以实现全面发展与个性发展的辩证统一。

（二）融合内容，构建"五育融合"课堂

高端翻译人才需熟练掌握一到两门外语，具备跨文化交际能力和良好的人文素养。"五育融合"的翻译课堂是培育学生综合素质的重要阵地，应以德育为先、智育为重、体育为纲、美育增色、劳动教育为本。

在德育层面，应将翻译专业课程与课程思政有机结合，推进以文化人，形成全方位、全过程、全员参与的"三全育人"良好局面。在智育层面，应打造翻译硕士专业一流课堂与一流课程，进行课堂改革，构建线下与线上、课内教育与课外实践相结合的课堂，打造人工智能＋翻译的课堂，让学生成为掌握翻译技术的专业人员；翻译硕士专业的课堂不应以教为主，应以"练"为主，在大量的翻译练习中，不断修正译本。聘请实战经验丰富的翻译人才作为学生的指导教师，鼓励学生将课堂所学的专业知识在翻译实践中进行切实转化，实现课内专业知识的课外灵活运用。让学生主动参与科研项目，以项目为依托，提高学生的研究能力。教学内容应将通识与专业结合，助力学生的"全人发展"。在体育层面，让学生对"身体乃革命的本钱"产生深刻的认识，在学习之余主动进行体能训练，通过运动强健体魄，提升心智。学院应搭建师生梯度锻炼的平台，让教师作为锻炼带头人，在运动中与学生一起进步，感受运动带来的快乐。在美育层面，将美学引入翻译硕士专业培养体系，将美学作为教学内容，让学生在翻译实践中"了解美""发现美"，提升学生的跨文化交际能力与人文素养。在劳动教育层面，以翻译教材为依托，渗透劳动价值观教育，引导学生崇尚劳动、尊重劳动、懂得劳动；以法律文本翻译为抓手，让学生了解劳动法，让学生懂得在未来的职场中如何维权，同时不窃取他人的劳动成果，尊重其他译者的翻译成果。

（三）融合资源，打造五育融合资源共同体

翻译硕士专业学生需积累大量知识，不能仅将翻译留在课堂，需促进各类资源的深度融合，并建立多方协同的服务机制。虽然开设翻译硕士专业的"双一流"高校共有116所，但是在专业排名上有"A+"至"C-"的不同等级，说明各高校办学层次存在差距。在五育融合过程中，应融通线下教育和线上教育的边界，采用混合学习模式，将高质量的网络翻译课程作为补充；组建跨学科跨院校教学团队，创建虚拟教研室，集思广益实现学科融合创新教育；打通部门条块分割的职责边界，形成教育行政协同治理机制；打通教育系统与社会系统的边界，构建社会协同育人机制。

（四）融合评价，实施"全人发展"综合素质评价

教育评价是翻译硕士专业人才培养的重要一环。在以往的培养过程中多以分数、证书为评价手段，致使学生在研究生学习阶段仍以成绩为纲，以考取翻译证书为傲，忽视了翻译综合素质的培养，忽视了对翻译视野、翻译实践、翻译鉴赏等能力的培养。因此，评价翻译硕士专业人才时，应采用"五育融合"教育评价体系，注重考察"五育融合"教育效果。"五育融合"教育的学习效果评价要以"五育融合度"为评价单位，对德智体美劳各因素的复杂的综合性构成物进行整体评价（刘志军，徐彬，2020）。具体来讲，可以通过有

意识有组织的育人活动，对学生的个体德行进行评价；通过对不同文体的翻译，评价学生是否掌握该专业的翻译理论与方法；通过课外观察、运动会等体育项目，对学生的身体素质进行评价；通过作品赏析，对学生审美和人文素养进行评价，以期以美育人、以文化人，提高学生审美素养；通过翻译实践、会议、项目等，评价学生是否尊重他人的劳动成果，能否正确借鉴他人成果。

五、结语

翻译硕士专业虽已确立独立地位，但是在人才培养中尚未将五育充分融合。在培养过程中，"双一流"高校应秉持"全人发展"的教学目标，努力培养身心协调、知能善审、情感充沛的翻译人才，培养德智体美劳全面发展的人才，开发创造性的融合课程，构建融合创新的教学模式，建立标准化的融合评价体系，打造"五育融合"的资源共同体。

参考文献：

高彬，胡萍萍. 我国翻译能力市场需求与MTI课程设置对比研究［J］. 中国翻译，2024，45（1）：108－116.

李政涛，文娟. "五育融合"与新时代"教育新体系"的构建［J］. 中国电化教育，2020（3）：7－16.

刘登珲，李华. "五育融合"的内涵、框架与实现［J］. 中国教育科学（中英文），2020，3（5）：85－91.

刘江伟. MTI教育研究现状分析和展望［J］. 三峡大学学报（人文社会科学版），2019，41（3）：108－111.

刘志军，徐彬. 综合素质评价：破除"唯分数"评价的关键与路径［J］. 教育研究，2020，41（2）：91－100.

魏善春. 基于五育融合的课堂教学重构：样态、理念与实施［J］. 中国教育科学（中英文），2021，4（3）：91－100.

钟柏昌，刘晓凡. 论"五育融合教育"[J]. 中国电化教育，2022（1）：86－94＋104.

仲伟合. 筚路蓝缕勤为径　译海航标立潮头——我为翻译教育鼓与呼[J]. 外语界，2018（6）：2－6.

朱一凡，管新潮. 人工智能时代的翻译人才培养：挑战与机遇[J]. 上海交通大学学报（哲学社会科学版），2019，27（4）：37－45.

四川大学构建研究生课程内部质量保障体系的实践与思考

李娟[1]　吴雨珊[1]　刘豆[2]

(1 四川大学教务处　四川成都　610065；
2 四川大学研究生院　四川成都　610065)

摘　要：为适应政策驱动研究生教育转向建立内部质量保障体系的趋势，建立高效、合理的研究生课程评估体系，本文对四川大学构建研究生课程内部质量保障体系的路径进行分析，通过三阶段的实践探索，本文建议构建以反馈为核心、以改进为目标的课程自我评估体系，初步探讨通过构建利益相关者的融合评价质量保障体系，推动课程体系以及人才培养方案的持续优化，实现研究生课程效能评估"追求卓越"的愿景。

关键词：研究生教育；课程评估；质量保障

研究生教育作为高等教育体系的关键组成部分，对于国家的科技进步和人才培养具有深远的影响。该领域的教育质量和培养水平直接关系到国家未来的发展潜力。近年来，我国的研究生招生数量呈现持续增长趋势，四川大学等高校的研究生在校生人数与本科生在校生人数之间的差距逐渐缩小。面对这一变化，如何有效保障并提升研究生教育的质量，已成为我们面临的一项紧迫任务。

研究生的培养过程涵盖了课程学习、实践能力提升、科学研究训练和学位论文撰写等多个关键环节。在这些环节中，研究生课程学习不仅是培养过程的基础，也是决定研究生教育质量的关键因素。因此，研究生课程的质量直接影响整体人才培养的水平。为了持续推动研究生课程体系及其人才培养方案的优化，构建一个有效的研究生课程内部质量保障体系显得尤为必要，这不仅是研究生教育发展的内在需求，也是推动教育质量提升的重要动力。

一、研究生课程内部质量保障体系建设的背景

当前，大多数高校对研究生培养质量的评估主要侧重学位论文这一核心指标。长期以来，研究生课程教育被视为质量短板，改革难度大，短时间内难以看到成效，课程学习仅作为研究的服务，处于次要地位。在多数高校实施绩效责任制的背景下，学校对课程质量的评估往往忽视质量主体的自评自建，忽略过程性培养，出现主次颠倒的现象。

2013 年发布的《关于深化研究生教育改革的意见》提出，要推动课程学习和科学研究的有机结合，加强创新能力培养，建立并优化培养单位的课程体系，规范课程设置审查，强化教学质量评价。2020 年发布的《关于加快新时代研究生教育改革发展的意见》进一步强调，要通过规范核心课程设置、打造精品示范课程等措施，提升研究生课程教学质量，明确提出要健全内部质量管理体系，落实培养单位的主体责任；指出课程学习是首要环节，加强教学质量的监督需要依赖课程评估，课程质量也是学位点合格评估、学科发展水平、教师绩效考核和人才培养质量评价的重要内容。在研究生教育政策日益强调建立内部质量保障体系的背景下，构建研究生课程内部质量保障体系、实行自我评估已成为绩效责任制下研究生教育改革的发展方向（徐浩，2023）。

二、构建研究生课程内部质量保障和评估体系的探索

当前，高校研究生课程在内容丰富性和结构合理性方面存在诸多不足。例如，研究生课程的开展往往缺乏多样性，导致学生选择受限；课程内容与实际应用之间存在较大差距；硕士研究生课程倾向于"本科化"，而博士研究生课程则呈现"硕士化"的趋势；课程体系缺乏整体性设计，与其他培养环节的衔接不足，未能充分强调课程学习与科学研究的融合；课程结构的比例失衡，缺乏对学科交叉融合的重视，方法类和实践类课程相对不足；此外，课程实施过程缺乏有效监控，课程反馈机制和评价指标体系亦不完善。针对这些问题，四川大学进行了一系列探索与实践。经过三个阶段的探索，本文提出构建一个以反馈为核心、以持续改进为目标的课程自我评估体系。

（一）开展四川大学研究生课程现状调研

四川大学的研究生课程质量评估建立在学生评教的基础上。为了更深入地了解研究生课程的现状，学校在2021年进行了一次研究生公共课及专业课课堂教学情况的问卷调查。该调查以在校硕士研究生为对象，通过问卷形式收集数据，共回收了729份问卷，其中近500份包含了主观意见。调查结果表明，学生对部分研究生课堂教学的整体评价不高。特别是对于公共必修课、专业必修课和选修课，研究生的满意度约为75%，这与本科生对本校通识课的满意度（94.36%）和专业课的满意度（90.17%）相比存在显著差距。

通过举办学生座谈会，我们进一步明确了四川大学研究生课程存在的主要问题。首先，课程体系的设计不够合理，专业课程的考核质量不高，课堂上存在一定程度的"教师念PPT"现象；其次，学生需要在科研思维和论文写作等方面得到培养和训练，但目前公共课和专业课在这方面的资源和条件相对不足；再次，

研究生外语课程缺乏统一的开设标准和顶层设计；最后，大班授课的情况较为普遍，例如数学和马克思主义公共课通常有较多学生，大部分课程学生人数超过 200 人，甚至有学科选修公共课的学生人数高达 350 人。

（二）组建校院督导队伍，开展对研究生公共课的听评课

为了提升研究生课程质量，四川大学组建了校院两级研究生督导队伍，并建立了研究生听评课反馈系统。通过信息化手段，确保研究生课堂教学的评估压力得到有效传导。学校启动了研究生各培养单位专业课程的自我评估，并将自查结果直接反馈给授课教师和校院管理员，以此建立一个及时反馈和持续改进的机制。此外，学校还开展了研究生督导经验交流与分享活动，以提升全校研究生督导的专业能力。

2021 年秋季学期，学校首次组织校督导委员会对研究生公共课进行听评课。这一举措持续了两学期，对外语、数学和马克思主义等公共课的开课教师进行了全覆盖听课。到 2022 年春季学期，学校继续以研究生公共课听评课为抓手，重点关注上学期评价为"中"及以下和未听课的教师，并持续对研究生公共课课堂教学质量进行反馈。听评课反馈结果显示，之前评价为"中"及以下的教师在第二学期的听评课中评价有了显著提升，被评为"中"的比例从 21.1% 下降到 5.9%，这表明教学质量有了明显改善。

通过听评课活动，校督导委员会发现了一批表现优异的教师，并对其颁发了有期限的"免检金牌"，以激励先进教师发挥表率作用。此外，学校进一步推动了研究生公共课质量提升的集体备课等基层教研活动常态化，并将听评课中推荐的全优教师的优秀经验进行总结分享，树立榜样，从而进一步促进了研究生公共课教学质量的提高。

（三）开展研究生公共课程质量提升专项工作

为了有效提升研究生公共课程的质量，四川大学针对学生反映的迫切需要提高文献阅读、研究思维等基础能力的问题，开展了专项工作。学校选择了"第一外国语（硕士英语）""学术规范与研究生论文写作指导""研究生综合素质系列课程""数值分析""数理方法""现代数学基础""中国马克思主义与当代""新时代中国特色社会主义理论与实践"等公共课程进行专项听评课。通过专项听评课，学校探索重构课程要求，并提出有效的改进建议。例如，加强公共课的整体设计，提升课程的系统性和连贯性；对"第一外国语（硕士英语）"课程进行进一步改进，以提高研究生的学术英语能力；对"学术规范与研究生论文写作指导"课程进行改进，以增强研究生的学术道德意识和论文写作能力；对"研究生综合素质系列课程"进行改进，以提升研究生的综合素质；对"公共类数学"课程进行改进，以提升研究生的数学思维及实用能力。通过这些专项工作，四川大学致力于提高研究生公共课程的教学质量，确保学生能够获得更加全面和深入的知识与技能培养。

三、构建"专业、绩效、多元、卓越"的研究生课程内部质量保障体系

建设研究生课程内部质量保障体系是研究生院与各培养单位的共同使命，涉及课程背景评估、输入评估、过程评估及成果评估等核心环节。

课程背景评估方面，着重体系建设，保证评审专业性与程序规范化。如加州大学伯克利分校，其课程审批流程包含如下几个阶段：新课程计划书由院系负责人提交，经院系主任审批，再由学术评议会委员初步评审课程计划书及大纲；课程建设委员会组建评估小组，协作评审新课程计划书；评估小组提出评审意见；

学术评议会委员批准新课程，更新课程管理系统，并通知院系负责人。学校应制定严谨的课程评审程序，培养专业评审团队，并指导各学科制定评审准则，确保研究生课程满足专业规范标准。

课程输入评估聚焦于课程开设所必需的人力、物力及财力资源。在此框架下，教师作为教学活动的核心力量，构成了评估的重点。采用以"激励绩效"为核心的评估机制，可提高评估的实效性。同样以加州大学伯克利分校为例，每隔2~3年，各院系会对教师进行教学绩效评估，评估结果直接影响教师的升职和薪酬。此外，学校通过设立教学改进基金、大型创新计划（如课程材料和教学方法开发）的资助以及杰出教学奖等措施，有效激励教师，进而提升教学质量。学校应从评奖评优、招生名额、博导硕导评审等多个角度，强化对教师课堂教学绩效的激励，确保评估体系能够有效地达到"激励绩效"的目标。

课程过程评估聚焦于教学实践，审视教师是否采用有效的教学策略以实现课程目标，以及学生能力和素养是否得到提升，这通常被理解为教学评估（李慧，2015）。过程评估的关键在于其全面性、多元性、及时性和持续性。四川大学研究生院已实施学生期末评教，但反馈通常滞后。若改为课程进行过程中的即时评教，并将反馈直接发送至教师邮箱或手机，教师即可在学期中及时调整教学，最大化学生评教的价值。进一步地，应推广包括督导、同行评估、领导干部听课、师生座谈会等在内的多元评价机制，并采取"教师主动申请，学生自愿参与"的原则，采用实用的评估方式，培育质量文化。在我国，教师通常仅作为评估对象，而非评估者。当评估主体从外部转为内部，当每个人都意识到自己是质量的守护者，质量文化才能真正生根发芽。

课程成果评估应植根于学校的办学理念，以短期和长期效能为评估核心。具体包括关注在读研究生的课程成绩和反馈，以及追踪调查毕业研究生和校友的课程满意度。通过对研究生课程成绩的分析、对毕业研究生的长期追踪调查以及对校友的课程满意度调查，旨在实现研究生课程效能评估的"追求卓越"目标。

通过上述探讨，我们期望四川大学研究生课程评估能够建立一个以即时反馈和持续改进为核心的课程内部质量保障体系机制，形成一套科学的评估指标体系，培育一批优秀的典型示范课程和教师，并依托信息化平台建立一个课程质量监测系统。这将有助于推动学校教育质量的持续提升，确保研究生教育培养出更多具有创新能力和实践能力的高素质人才，满足社会对高层次人才的需求。同时，也希望这套完善的课程质量内部评估机制能够在国内外高校中起到示范和引领作用，为提升我国高等教育整体水平做出贡献。

参考文献：

李慧. 我国研究生培养质量过程管理研究［D］. 大连：大连理工大学，2015.

徐浩. 试论新形势下研究生人才培养质量的提升方法和途径［J］. 就业与保障，2023（10）：190－192.

徐岚，方颖，吴胜芳，等. 研究生课程内部质量保障体系的构建——以厦门大学研究生课程评估为例［J］. 学位与研究生教育，2022（6）：60－69.

朱成，武小鹏. 伯克利评估系统：嵌入式替代评估的实现原则［J］. 中小学信息技术教育，2023（5）：91－94.

朱瑶丽. 内部质量保障体系视角下的研究生课程评价研究［D］. 厦门：厦门大学，2020.

四川大学工程教育发展历程与卓越工程师培养若干思考[*]

李 洁

(四川大学研究生院 四川成都 610065)

摘 要：新时代国家战略需求的转变对工程教育提出了更高的要求，培养更多的卓越工程师成为高校工程教育的新的发展目标。本文梳理了四川大学建校以来的工程教育发展历程和现状，就新时代四川大学卓越工程师的培养提出了几点建议。

关键词：工程教育；发展历程；卓越工程师培养

工程师是推动国家科技创新和经济发展的重要力量。在我国，工程师的培养一直受到政府和社会各界的高度重视。随着国家发展战略需求的转变，新时代对工程教育有了更高的要求，需要培养更多的卓越工程师。从四川大学建校至今，工程教育经历了多个阶段，每个阶段都有其特点和成就。本文旨在梳理四川大学工程教育的发展历程，总结经验教训，为学校未来卓越工程师教育的发展提出建议。

一、四川大学工程教育发展历程

张炜、汪劲松将我国高等工程教育的发展历程划分为起步、

---

[*] 本文系四川大学研究生教育教学改革研究重点项目（编号：GSSCU2023038）。

重构、调整、扩张、创新五个阶段（张炜，汪劲松，2022）。四川大学工程教育的历史沿革也见证了这五个阶段发展历程（见图1）。

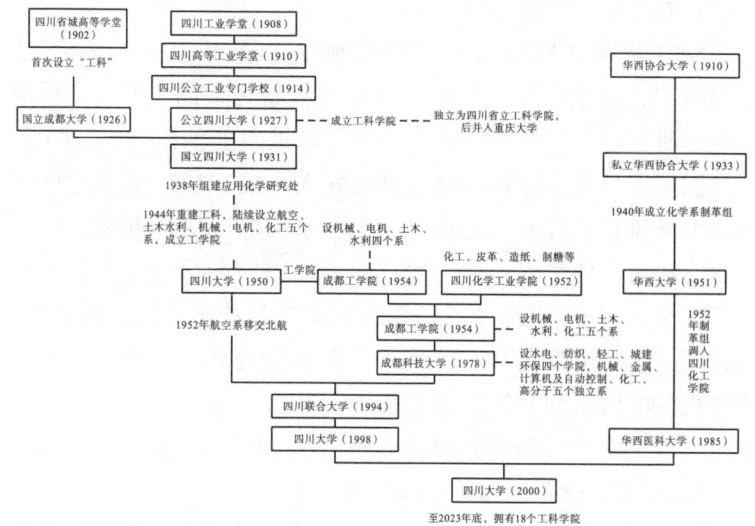

图1 四川大学工程教育的历史沿革

（一）起步阶段（1896—1949）

四川工业学堂开启了四川大学工程教育的篇章。在清末全国"废科举、兴学堂"的改革背景下，1896年四川中西学堂开启了四川近代高等教育的篇章。1902年四川省城高等学堂学习西方"分科立学"，在正科（即本科）二部设立工科，正式将"工科"作为本科人才培养的学科。四川大学的工程技术正是源于1908年的四川工业学堂，在高分子、化工、水电、材料、轻纺等领域的人才培养、科学研究和社会服务处于当时国内先进行列。1910年四川工业学堂更名为四川高等工业学堂，1914年更名为四川公立工业专门学校，成为全国10所工业专门学校之一（胡德鑫，2023）。截至1916年，四川公立工业专门学校共有在校生86人，

169

教师32人，职员8人。1927年，四川公立工业专门学校提请为单科大学，于同年与另四所专门学校组成公立四川大学后，改称公立四川大学工科学院，设有本科，学制四年；预科，学制二至三年；专门部，学制二年。

1931年国立四川大学工学院独立为四川省立工科学院，1935年并入重庆大学。1938年，杨秀夫组建了国立四川大学应用化学研究处，主要研究化工学术及辅助工业的发展。1944年国立四川大学重建工科，逐步恢复相关专业。1944年秋，国立四川大学航空工程系、土木水利工程系招生；1945年秋，机械电机系招生，理学院扩建为理工学院；1947年分设工学院，迁入兵工署50分厂成都分厂，并组建了自己的木工厂、翻砂厂、锻铸厂、金工厂等实习工厂；1948年秋新建化学工程系；1949年将机械电机系划分为机械工程系、电机工程系。1949年国立四川大学工学院毕业学生128人，在校生共741人。

（二）重构阶段（1950—1977年）

新中国成立后，四川大学高等工程教育迈入了新的历史发展期。

新建四川化工学院，培养工业建设人才。1952年，四川大学、重庆大学、华西大学等10所院校的化工、皮革、造纸、制糖等专业在泸州组建四川化工学院，共有本科和专科学生1075人（党跃武，2015）。

四川大学工学院独立新建成都工学院。1950年11月7日，国立四川大学更名为四川大学，设有文学、理学、法学、工学、农学、师范6个学院。1952年到1954年，在全国高校院系调整工作期间，四川大学工学院接收了华西大学、云南大学、贵州大学、重庆大学、川北大学、西南工专、重庆建工学院等院校的化学、航空、土木、水利、化工、城市道路、汽车干路等多个科系（专业），同时，将航空系师生和20余架飞机、教学设备移交给北京航空学院，将化学工程系并入四川化学工业学院，将铁路建筑专业并入中南土木建筑学院等。1954年8月，四川大学工学院独立为成都工学院，机械系、电机系、土木系、水利系在读学生1273人。

四川化工学院和成都工学院组建新的成都工学院。1954年11月，为适应新中国工业建设和国防建设的需要，国务院批准四川化工学院和成都工学院合并，校名仍为成都工学院，成为20世纪50年代在全国各大行政区着力组建的八大工学院之一，也是西南地区唯一一所教育部直属重点工业大学。成都工学院是一所新型多科性高等工业学校，先后设有机械、电机、基本化工、高分子、土木和水利等系。成都工学院学习苏联教学模式，积极开展教学改革，提高教学质量，积极向现代科学进军，涌现了"化学工程学家"张洪元、"皮革化学家"张铨、"中国塑料之父"徐僖等一批近代工程教育的开拓者和奠基人。成都工学院面向经济建设和国防建设，探索教学、科研、生产三结合途径，与校外多个单位建立协作关系，建立教学与生产劳动相结合的实习基地，积极开展科学研究。1956年，全院首次对444名应届生进行毕业设计与论文答辩，建立24个学生科研小组，参加人数达到114人。成都工学院不断优化调整优势专业，从1960年的37个专业调整到1977年的18个专业。1965年在校学生人数4763人，1972年到1977年，学校连续招收培养五届工农兵大学生3885人，1977年恢复高考后录取新生805人。

（三）调整阶段（1978—2000年）

成都工学院改建为理工结合的成都科技大学。1978年，成都工学院的发展迎来了重大转机，其划归于中国科学院直属，并更名为成都科技大学，成为全国重点大学。成都科技大学积极探索与中央部委、省市政府、科研院所联合办学的途径，形成了颇具特色的多渠道联合办学优势。为适应经济建设发展对专业人才的需求，成都科技大学于1985年与水电部联合成立水电学院，1987年与纺织部联合建立纺织工学院、与轻工部联合成立轻工业学院，1988年与省、市、地联合建立城建环保学院，与国防科工委联合办预科班等，学校建成综合而强大的工科。成都科技大学非常重视工科学科建设和学生培养质量，在20世纪80年代获批国家首批博/硕士点、首批国家重点学科单位，开始实行学年学分制和导师制，设立优秀教学成果奖、大学生优秀毕业论文（设计）奖和优秀博硕士论文奖等提升学生培养质量，学生毕业实行"供需见面"，同时学校成立了科技开发总公司，举办科技成果交易会、高校校办产业协会促进产学研合作和成果转化。至1993年，成都科学技术大学已建成国家、省部级重点工科学科6个、3个国家级科研平台，2个博士后流动站，14个工科博士点，28个工科硕士点，以及52个全日制工科本科专业；在读研究生规模也从1978年的10人增长到810人，本科和专科学生在读人数增长到8535人。

三校合并，组建现在的四川大学。1994年3月，原四川大学和成都科技大学合并组建四川联合大学，开启了新时期中国高校强强合并的先河。"理工结合，文理渗透，建设新型综合大学"成为四川联合大学的新的办学特色。制造科学与工程学院、电气学院和计算机学院在此期间成立，加上此前成都科技大学的四大工科学院，四川联合大学共有7个工科型学院。在工程教育上，四川联合大学1996年建立国家工科化学课程教学基地，1997年首批开展工程专业学位研究生培养，同年皮革系学生参加全国"挑战杯"赛，以700万元转让创造了当时中国大学生科技成果转让的最高纪录。1998年12月四川联合大学更名为四川大学，2000年四川大学再次"强强合并"，与华西医科大学合并，组建了现在的四川大学。

（四）扩张阶段（2000—2010 年）

三校合并后四川大学拥有了除军事学以外的 12 个学科门类，多学科交叉渗透、协调发展，一流研究型综合大学的内涵和特征更加显现。四川大学在工程技术科学领域形成了以高分子材料为带头学科的材料科学与工程学科群体，在高分子材料、金属材料、生物材料、无机非金属材料、功能材料与薄膜材料等方面均具有明显优势；能源科学与工程领域以水力学为带头学科所形成的水力学及河流动力学、岩土工程、水文学及水资源等学科的部分研究方向居于国内前列并有较大国际影响；轻纺学科方面形成了以皮革化学与工程为带头学科，包括化学纤维、食品工程所组成的学科群体。在此期间，经多次扩招，至 2009 年四川大学全日制本科招生人数突破万人，全日制研究生招生人数达到 6487 人，专业学位硕士授权点增加到 15 个，国家、省部级工科重点学科 35 个。

（五）创新阶段（2010—现在）

2010 年，四川大学成为首批国家卓越工程师教育培养计划 61 所高校之一，高分子材料工程、水利水电工程、轻化工程等 19 个本科专业，以及软件工程 1 个研究生专业入选"卓越人才教育计划"。

在学科建设方面，2011 年四川大学获批成为首批工程博士专业学位研究生试点单位，首次在电子信息、生物与医药两个工程领域招收 10 个博士生，2019 年开始招收非全日制工程博士。至 2023 年，四川大学已拥有工学硕博士学位授权点 50 个和除交通运输外 7 个大类工程专业学位授权点。四川大学工程学进入全球学科影响力前 1‰学科。

在工程教育院系调整方面，材料科学系、金属材料系和无机材料系合并组建了材料学院，高分子材料与工程系组建部属高校中第一个以高分子学科命名的高分子学院，新建了空天科学与工程学院、新能源与低碳技术研究院，成立全球第一个灾后重建管理学院、网络空间安全学院、碳中和未来技术学院，工科学院增加到 18 个。

在科研平台和教学基地建设方面，四川大学先后获批国家生物医学材料工程技术研究中心、国家烟气脱硫工程技术研究中心和制革清洁技术国家工程实验室等多个工科科研基地，建成 19 个国家级工程实践教育中心，全国首批国家大学科技园、首批国家技术转移中心、首批国家"双创"示范基地，以及医工结合"1+3"和工业互联网"3+1"交叉研究中心和平台。

在工程人才培养方面，四川大学在 2019 年至 2023 年共录取工科研究生 11 363 人，其中超过一半是工程专业学位研究生。四川大学的工程教育开启中外合作办学和校企协同育人模式，与厦门市、三亚市、宜宾市、青岛市共建研究院，与中科院、中国工程院、中国核工业集团、东方电气集团等几十家科研院所和企事业单位开展联合培养工程硕博士研究生模式。

二、卓越工程师概念的提出

进入 21 世纪，我国工程师教育更加注重国际视野、创新精神和实践能力的培养。作为我国高等工程教育主动服务新时代国家发展战略的重要措施，教育部从 2010 年开始实施"卓越工程师教育培养计划"，开启了高校与企业、行业共同培养卓越工程师的篇章。面对新一轮科技革命和产业变革的挑战，2017 年教育部、工信部、中国工程院三部门联合启动实施了卓越工程师教育培养计划 2.0，瞄准解决复杂工程问题的能力培养，全面深化新工科建设。2022 年教育部和国有资产监督管理委员会联合在部分高校和中央企业试点共建国家卓越工程师学院，标志着我国卓越工程师培养进入了新的发展阶段。

什么样的人才是卓越工程师？郑强教授将工程技术人员分为

三类：第一类是具有现代知识和技术的产品制造者和生产者，是基础的、专业化的技术工程人员，称为"合格工程师"；第二类是物质财富的设计者，属于"优秀工程师"；第三类"卓越工程师"是高层次的工程技术的创造者和领导者（周彩丽，2022）。2024年，中共中央国务院在表彰首批"国家卓越工程师"和"国家卓越工程师团队"时指出，"卓越工程师及其团队"是新时代工程师队伍的优秀代表，他们牢记初心使命、胸怀"国之大者"，在重大工程建设、重大装备制造、"卡脖子"关键核心技术攻关、重大发明创造等工作中，矢志爱国奋斗、锐意开拓创新，取得一批先进工程技术成果，不断提升国家自主创新能力，更好满足人民日益增长的美好生活需要，生动体现了工程师群体爱党报国、服务人民、敬业奉献、严谨笃实、精益求精、臻于卓越、团结协作、自立自强的崇高追求和宝贵精神。

三、卓越工程师的培养定位

卓越工程师教育培养计划的目标是面向工业界、面向世界、面向未来，为建设创新型国家、实现工业化和现代化奠定坚实的人力资源基础，提高我国的综合国力和核心竞争力。

2013年教育部和中国工程院联合印发《卓越工程师教育培养计划通用标准》（简称《标准》），按本科、硕士和博士三个层次规定了卓越计划各类工程型人才培养应达到的基本要求，要求卓越计划参与高校参照该《标准》，结合各校特色和人才培养定位，优化试点专业人才培养方案，推进人才培养模式改革，不断提升工程技术人才培养水平。

四、关于四川大学卓越工程师培养的几点思考

明确卓越工程师培养的定位。四川大学国家卓越工程师培养计划实施十多年以来，培养的重点几乎全部放在了本科层次，这

与四川大学的办学定位和学校的实际情况不相匹配。四川大学硕博士研究生招生规模在近几年已超过本科生招生规模，且研究生教育是推进教育、科技、人才"三位一体"协同融合发展的最佳发力点，专业学位研究生更是培养卓越工程师最主要的生力军。学校应及时调整卓越工程师培养的定位，按本科、硕士、博士不同层次统筹规划，层层递进，协同发展。

进一步加大研究生教育经费投入。研究生教育经费没有单列财务拨款科目，因此我国大部分高校都面临研究生教育经费整体投入不足的问题（杨卫，2023）。将导师科研经费运用到人才培养方面的限制较多，无法满足新时代卓越工程师创新能力的培养的需求。

发挥学校优势，探索建立研究生教育分类发展的长效机制。随着国家不断优化调整高校办学结构，至2025年我校硕士专业学位招生规模将达到总规模的三分之二左右，博士专业学位招生占比也将达到四分之一左右。学校应结合自身工科办学优势，紧抓深化科教融汇、产教融合方向，以强化学术学位和专业学位研究生在定位、标准、招生、培养、评价、师资等环节的差异化要求为路径，以重点领域分类发展改革为突破，推动学术创新型人才和实践创新型人才分类培养。从分类完善人才选拔机制、分类优化培养方案、分类加强教材建设、分类健全培养机制、分类推进学位论文评价改革、分类建设导师队伍等方面，探索建立学术学位和专业学位研究生分配培养链条。

加快推进建成国家卓越工程师学院。目前，参与国家卓越工程师培养计划的27所"985"高校中，已有16所建成国家卓越工程师学院。学校应及时整合资源，紧跟国家卓越工程师培养需求，加大经费投入，多部门协同推进，尽快加入国家卓越工程师学院行列。

参考文献：

党跃武. 院系调整与四川大学［M］. 成都：四川大学出版社，2015.

胡德鑫，逄丹丹. 中国高等工程教育百年发展史回眸：历史演进、变革逻辑与未来趋向［J］. 高校教育管理，2023，17（6）：100-110.

四川大学党委办公室，四川大学校长办公室. 今日四川大学［M］. 成都：四川大学出版社，2006.

四川大学党委办公室，四川大学校长办公室. 世纪名校四川大学（1896—2002）［M］. 成都：四川大学出版社，2002.

四川大学党委办公室，四川大学校长办公室. 四川大学年鉴（2009）［M］. 成都：四川大学出版社，2011.

《四川大学史稿》编审委员会. 四川大学史稿：第3卷（成都科技大学1952—1993）［M］. 成都：四川大学出版社，2006.

《四川大学史稿》编审委员会. 四川大学史稿：第1卷（四川大学1896—1949）［M］. 成都：四川大学出版社，2006.

杨卫. 中国博士生教育的发展与改革——体系重塑与高质量发展［J］. 学位与研究生教育，2023（10）：1-12.

张炜，汪劲松. 我国高等工程教育的发展历程、基本特征与改革方向［J］. 研究生教育研究，2022（3），1-7.

周彩丽. 用坚实的基础去面对产业的日新月异——太原理工大学工程技术人才培养实践［J］. 教育家，2022（7）：19-21.

四川大学推进学科交叉建设的探索与思考

文宇峰

(四川大学发展规划处　四川成都　610065)

摘　要：大学的学科建设体现了学校师资队伍、科学研究、人才培养、学术交流、学科声誉和社会服务等方面的建设水平。而交叉学科则是孕育新兴学科的摇篮，加快交叉学科建设是加快推动学校一流学科体系建设的重要抓手。近年来，四川大学在推动交叉学科方面进行了很多有益的探索，其中得失也需要我们对推进学科交叉建设进行更多的思考。

关键词：学科建设；学科交叉建设

一、引言

大学的学科建设就是让围绕某个知识体系建立的学科组织在知识生产上的能力不断增强，能够培养高层次的人才、产出高水平的学术成果，提供高质量的专业课程。高校的学科建设水平，综合体现为学校的学科方向、师资队伍、科学研究、人才培养、学术交流、学科声誉、社会服务等方面的建设水平。

交叉学科是孕育新兴学科的摇篮，当代新兴学科，如生物信息学、生物医学、生态学、空间与海洋科学等，都是多学科交叉融合的产物。20世纪80年代以来，已形成约5550门学科，其中2581门为交叉学科，占比46.58%；在20世纪获得诺贝尔自然科学奖的466位科学家中，41.63%具有学科交叉背景，最近25年，占比49.07%。2003年诺贝尔医学奖获得者彼得·曼斯菲尔德和保罗·劳特布尔，分别具有物理学和化学的研究背景，其研究与医学的交叉结合，在临床诊断和医学领域产生了对人类发展具有重大影响的突破——核磁共振图像技术。生物医学领域许多其他重大突破，也都是通过多学科的交叉来实现的，如DNA分子双螺旋结构的发现就是物理、化学、生物三学科交叉融合的结果。

二、交叉学科的概念、建设的困难与挑战

（一）交叉学科的概念

交叉学科是指两门以上不同学科的理论和方法相互渗透、彼此借鉴、融合共生的新学科，它是不同学科领域在认识世界的过程中，用不同的角度和方法为解决共同问题产生的学科交融，经过反复论证和试验而形成新的学科领域。有国外专家认为，交叉学科是为了增进根本性认识，针对一个共同的问题，由个人组成的团队研究模式，通过多学科或研究领域知识的有效综合和集成，构建新的研究视角和框架，以解决单一学科无法应对的现实复杂问题。国内专家认为，交叉学科是通过两门以上学科综合、集成形成一门新的独立的学科，其核心是"有机融合"（崔育宝，李金龙，张淑林，2022）。交叉学科对学校学科建设的推动体现在以下几个方面。

一是促进科学从高度分化向高度综合化、整体化发展。现代社会的问题异常复杂且具有高度的综合性，而单一学科的研究将使知识生产过度碎片化，聚集不同学科通力合作，科学各领域之间也随之呈现边界跨越、相互交融的一体化趋势。

二是促进重大科技问题突破，以及新理论乃至新学科的创生。学科交叉可以使学术研究产生新动力，是知识生产的前沿，是孕育重大科技成果新突破的源泉。

三是加速科学技术创新，推动科学技术的进步。创新是对未知世界的探索，而未知世界中的问题是不分学科的。大科学问题的攻关需要"综合性的大科学思维体系"，它能系统地、整体地揭示自然、社会的规律，推动科学技术向更深层次和更高水平发展。

（二）建设交叉学科的困难与挑战

要建设好交叉学科，常常存在以下困难和挑战。

一是缺乏拥有多学科背景的学术人才，难以组织重大科研项目的集体攻关。跨学科课程设置的局限及滞后以及过于专深的专业教育模式，使得具有跨学科战略思维的"百科全书"式的科学家则较少。

二是以学科分化为基础建立的大学组织结构，形成学科间的壁垒，学科划分过细，学院众多，人员、资源被限制或封闭在单一学科范围内，导致学科封闭；跨学科集体攻关的大团队不能很好地承担国家重大科技攻关项目，不能解决国家面临的重大科技问题，在"大科学"时代也就不可能取得原创性的研究成果。

三是以传统学科为标准的考核评价体系，影响了从事交叉学科研究的积极性。传统学科的评价以本专业同行评议为主，学科交叉地带的研究成果不易被认可，科研评价过于看重第一作者，院系考虑到科研成果的归属问题，交叉学科研究人员考核、参加职称评聘遇尴尬，学科评估也是以现行成熟一级学科为单位。

四是基于传统学科的资源配置方式，抑制了交叉学科的发展。大学资源配置主要是以传统成熟学科为根据，综合交叉学科研究尚未形成自身传统，也没有专门的学科组织，缺乏政策、制度的鼓励和保障，难以获得经费支持。

三、四川大学对交叉学科建设的探索

学校以学位授权自主审核为抓手,大力优化调整学科结构,同时以新版学科目录的发布为契机,进一步优化整合学科规模,积极布局新兴交叉学科。

(一)学科布局上优先支持交叉学科建设

近十年来,四川大学为发展新兴交叉学科,先后新增了航空宇航科学与技术、网络空间安全等一级学科,特别是2021年以来,学校通过学位授权自主审核,新增了智能科学与技术、碳中和技术与工程、医学技术学等三个交叉学科。

2019年以来,通过整合相近学科,学校优化调整了系统科学、风景园林学等10个一级学科;通过新版学科目录对应调整,撤销了美术学、医学技术等两个博士一级学科。一级学科规模由目录内68个(其中有20个一级学科硕士点)调整到56个。学校逐步收缩学科规模,不断完善学科结构,强化学科内涵建设,着力打造高峰学科和交叉学科。

(二)全力推进交叉学科平台建设

为了加快推进学科建设,推动学科交叉融合,学校从"211"工程、"985"工程建设开始,通过重点建设的方式,依托国家级科研平台和人文社科基地,组建学科集群和学科交叉平台,鼓励多个学科整合参与到一起建设。学科集群的数目从少到多,从"985"工程二期的12个平台基地,发展到第二轮"双一流"建设的"14+19+X"的学科集群体系,学科集群实力不断增强,新兴交叉学科生长点不断涌现。

在"985"工程二期(2005—2009年)建设期间,学校依托国家级科研基地和教育部人文社科基地,分别建设了9个科技创新平台和3个社科创新基地。这些学科平台涵盖了学校文、理、工、医等主要的传统优势学科,具有鲜明的川大特色,但是学科

之间的交叉尚不够显著。

在"985"工程三期（2011—2015年）期间，学校在原有的平台基地的基础上，又新建了9个平台基地。平台基地的建设还是以依托原有的重点学科为主，学科交叉的特点仍然不够显著。在同一时期的"211"工程三期（2008—2012年）建设期间，学校依托国家重点学科，组建了20个重点学科平台。

在首轮"双一流"建设（2017—2020年）期间，学校根据6个教育部"双一流"建设学科和学校优势特色自设的6个学科为主干学科，重点打造了12个一流学科（群）；同时，聚焦未来领域重大发展需求，尊重新兴学科的发展规律，部署建设了23个超前部署交叉学科平台。在此基础上，学校在第二轮"双一流"建设（2021—2025年）中，进一步优化整合，新建了"马克思主义与当代中国"和"以精准医疗为导向的临床医学"两个一流学科群，同时在验收考核的基础上，继续建设19个超前部署交叉学科平台，最终形成了"14+19+X"的学科集群体系。

经过近二十年的建设，当前学科（群）和交叉学科平台建设取得了长足的进步，形成了文科以中文、历史、管理等学科为主干，理科以数学、化学、生物医学等学科为主干，工科以材料、水利、轻工等学科为主干，医科以口腔、基础医学、临床医学等学科为主干的学科集群，这些学科集群集中反映了学校优势学科；同时培育了山地考古、人工智能等一批前沿交叉学科，凸显了学校的特色方向。

四、交叉学科建设路径的思考

综合学校的学科结构和交叉平台发展现状，学校在精准服务国家重大急需、服务行业产业和区域发展方面的能力还有待大力加强，新兴交叉学科建设亟须做大做实，需要从学科交叉迈向交叉学科（王涛，2023）。要加快交叉学科建设，可以考虑从以下四个方面入手。

（一）建立基于学科交叉的组织机构，搭建有利于其发展的平台

要以前沿性科学问题为抓手，建设虚实相结合的交叉学科研究机构。以问题为指向建立交叉学科的研究机构和平台，如智能交叉技术研究中心、医学+、信息+特色交叉研究中心、人工智能研究中心（信息+）、材料基因组研究中心（信息+）和医学材料研究中心（信息+、医学+）。

对交叉学科发展制度进行系统的顶层设计，修订学科专业目录，按照新版学科目录，鼓励设置新的交叉学科，按照交叉学科设置相应的学院和院系，如碳中和未来技术学院、智能科学与技术学院。

以科技前沿问题为指向组建跨学科团队，对科研人员实行双聘双算，同时要瞄准国家重大需求和重大科学前沿问题，以产出引领人类社会发展的重大成果为目标，在全球范围内吸引不同学科领域的顶尖人才。

（二）建立有效的学科资源配置机制，为交叉学科发展提供坚实的物质保障

要改革交叉学科研究管理机制体制，成立专门的管理机构，制定科学的制度并科学地执行。要加强学科交叉的战略布局，制定专门的政策，将综合交叉学科研究列为单独资助领域。

要改革绩效考核制度及资源配置方式，改变以学科为主的资源分配方式，建立以问题研究为主的资源配置方式，设立交叉学科发展基金，对重大前沿科学问题、国家战略问题进行重点支持。淡化以绩效考核，加大对综合交叉研究平台的扶持和支持力度，稳定研究队伍，调动研究人员的积极性。

通过校企合作筹措项目，扩大学科物质保障渠道。要围绕国家重大需求，追踪相关学科的前沿技术，以企业需求为导向，加

大校企合作，通过前瞻培育交叉学科项目的形式，多渠道筹措资金，为交叉学科发展提供物质保障。

（三）完善交叉学科研究评价和职称晋升机制，消除阻碍其发展的壁垒

要改善交叉学科项目和成果的评审机制。在评审专家遴选时，不仅要考虑专家专业知识的深度，还要考虑他们知识的广度。对"双聘制"的教师进行职称聘任和晋升评审时，邀请相关院系的专家加入评审委员会，甚至共同担任评审委员会主任，保障交叉学科研究人员的利益。对交叉学科研究机构和人员的绩效考核，除了考察其已经取得的研究成果之外，还要将开创新的学科领域及其发展潜力作为重要参考内容。

（四）推行跨学科教育，培育能够从事综合交叉学科研究的人才

要创新管理模式，为交叉学科人才培养提供师资保障，通过交叉学科的导师跨学科招生、创建"项目导师"管理模式和实行"双导师制"等多种形式，促进培育过程中的多领域、多学科交叉互补。

通过构建完整的交叉教学、科研体系，在教学课程设计和内容中注意学科交叉，注重对知识体系的融合与再构建，如工科教学设计改为50%传统基础课程＋50%新工科课程。在研究生教育中设立交叉学科，本科教育中设立"整合科学实验班"，开展新项目研究、社团、比赛、讲座等活动。

建立专有通道，为交叉学科人才培养提供制度保障，注重有效沟通，适时调整学科方向，定期编制学科规划方案，实行招生计划单列，制定特色培养方案，设交叉学科和专业，授予交叉学科学位，为学位授予和人才培养提供合法依据，克服指令性学科专业目录对人才培养和学科发展的束缚。

参考文献：

崔育宝，李金龙，张淑林. 交叉学科建设：内涵论析、实施困境与推进策略［J］. 中国高教研究，2022（4）：16－22.

王涛. 学科性视角下高校跨学科的演变：从学科交叉到交叉学科［J］. 中国高教研究，2023（12）：71－78.

产教融合背景下卓越工程人才培养的发展、探索与实践研究[*]

龚峤林[1]　杜吉佩[1]　张福会[1]　刘丹[2]

(1 四川大学研究生院　四川成都　610065；
2 四川大学高分子科学与工程学院　四川成都　610065)

摘　要：培养大批卓越工程师是研究生教育的重要组成部分，是服务国家发展的重要人才战略。目前，在工程硕博士培养中，专业学位和学术学位研究生同质化培养、校企产教融合度不高等现象仍然存在，各高校纷纷探索卓越工程人才培养模式。本文从工程硕博士研究生培养的发展历史出发，结合卓越工程人才培养现状，以四川大学在工程硕博士培养改革、校企联培等方面的探索为例，探讨产教融合背景下的卓越工程人才培养实践，以期为新时代工程教育提供参考和借鉴。

关键词：产教融合；卓越工程师学院；双导师；工程硕博士

"卓越工程师培养"于2022和2023年连续成为中国研究生教育十大热点之一，体现出当下卓越工程人才培养的重要性。近20年来，我国研究生教育快速发展，研究生招生人数增长了约

---

[*] 本文系四川省学位与研究生教育学会研究课题经费资助项目"校企协同开展研究生联合培养机制研究"，课题编号：2022YB0301。

10倍，为国家经济、社会、科技发展提供了重要人才保障。其间，研究生工程教育更是得到飞速发展，培养质量、数量都有了质的提升。2022年9月，卓越工程师培养工作推进会、首届卓越工程师培养高峰论坛在北京召开，18家国家卓越工程师学院单位联合发布了《卓越工程师培养北京宣言》。2023年9月，北京航空航天大学等高校牵头成立中国卓越工程师培养联合体（China Union for Training Excellent Engineers，UTE），会上发布了卓越工程师培养工作指南、能力标准、核心课程等，联合体致力于深化产教融合，推动工程教育改革，建立具有中国特色、世界水平的卓越工程师培养体系。

产教融合是卓越工程人才培养的根本特征，高校通过与企业在师资、科研等方面深度融合，共同培养出具有丰富工程经验的卓越人才，人才再反哺企业发展，实现产业升级和人才培养的良性循环。然而，多年来研究生培养模式的固化，以及校企发展目标差异等因素，使得卓越工程人才培养模式有待完善。高校作为人才培养的重要阵地，在新时代卓越工程师的培养上应承担起重任，积极与企业深入推进产教融合，服务人才强国战略。

一、卓越工程人才培养背景及发展

（一）国外工程硕博士研究生培养

以美国、英国、法国等为代表的西方国家是产教融合模式下工程师培养的起源地，这种校企合作的教育方式为国家的科技进步做出了巨大贡献。早在18世纪40年代，法国就建立了工程师学院，通过校企共建课程、专业实践等方式促进学校的学生更快转变为企业的工程师。2010年，法国推出"卓越大学计划（Initiatives d'Excellence，IDEX）"，在6所高校试点鼓励研究生积极参与校企联合研发的项目。美国麻省理工学院为培养解决实际工程难题的"实干家"，于2017年开始实施新工程教育转型计划（New Engineering Education Transformation，NEET）。此外，德国慕尼黑工业大学、荷兰埃因霍芬理工大学等高校实施了自己的工程人才培养模式（赵巍胜，王扬，吕卫锋，2024）。

（二）我国工程硕博士研究生培养发展历史

我国工程教育始于洋务运动时期培养采矿师、造船师等工程人才。新中国成立后，百废待兴，随着高考的恢复，为了满足工业发展的需要，国家逐步发展土木、机械、航空航天等专业的工程教育（赵巍胜，王扬，吕卫锋，2024）。近代工程硕博士研究生的培养可分为三个阶段。第一阶段：1984年开始探索工程硕士培养模式，1997年设立工程硕士专业学位（非全日制），到2009年首次招收全日制专业学位硕士研究生，工程教育经历了初期的快速发展。第二阶段：2009年至2018年，卓越工程师教育培养计划1.0和2.0版本先后启动，工程教育的培养目标更加清晰，教育模式更加完善，培养体系逐渐形成。第三阶段：2018年之后，随着中央人才工作会议、二十大等的成功召开，以及《国家产教融合建设试点实施方案》《专业学位研究生教育发展方案（2020—2025）》等方案的出台，工程教育加速发展，在招生规模持续扩大的同时，专业结构不断优化，培养质量逐步提升（图1）。

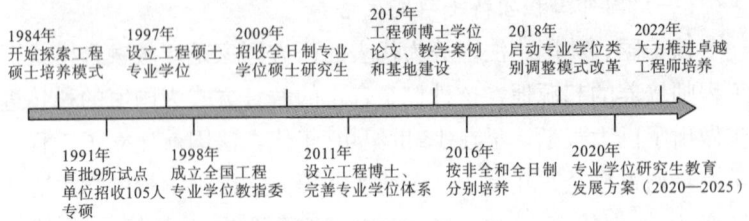

图1 我国工程硕博士研究生培养发展时间线

二、卓越工程人才培养探索与挑战

（一）卓越工程人才培养探索

自招收工程硕博士以来，我国工程教育已经取得跨越式发展，我国已成为世界工程教育大国。截至 2020 年底，我国已累计授予工程硕博士学位 138 万余个（肖曦，2023），为国家和社会发展贡献了重要的人才力量。随着新时代工程人才的需求增加，工程教育得到前所未有的重视。在此背景下，各高校结合自身学科特色和发展方向积极探索，逐步形成各具特色的工程师培养模式。如清华大学的"项目制"、西安交通大学的"百千万卓越工程人才培养计划"模式陆续涌现，西北工业大学设立了"两机"等工程专项班，以国防军工领域重大科学问题为牵引，瞄准未来"总师"人才培养（汪劲松，张炜，2022）。此外，企业也积极探索适合自身发展的人才培养模式，如航空工业建设"1+N"模式下的工程师技术中心，用于支撑工程硕博士实践条件建设，中国商用飞机有限责任公司与上海交通大学、哈尔滨工业大学、大连理工大学等高校成立"大飞机班"。

为了统筹工程人才培养过程管理，深化产教融合工程硕博士联合培养，高校和企业合作，在政府支持下相继成立了卓越工程师学院。目前，全国 31 所 "985" 高校中（除师范、农林、政法类高校），北京大学、浙江大学、中南大学等 22 所高校建立了卓越工程师学院，占比达到 71%。此外，北京科技大学、武汉理工大学、哈尔滨工程大学等 "211" 高校，以及山东科技大学、华东交通大学等多所高校成立了卓越工程师学院，由校企双方相关负责人担任学院领导。此外，政府也在积极行动。2023 年 8 月，教育部在轨道交通装备行业支持成立了首个国家级产教融合共同体。在重庆市委市政府的支持下，重庆大学以探索新工科教育、培养卓越工程师为愿景，围绕新材料等领域，成立了重庆卓越工程师学院。在卓越工程师学院中，清华大学、电子科技大学等两批共 24 所高校，和中国石油、中国电子科技集团等 8 家央企获批国家卓越工程师学院。

（二）卓越工程人才培养问题与挑战

1. 同质化培养现象依然存在

目前，学术学位与专业学位研究生之间"共同导师、共用课程、共设标准"现象仍然存在。教育部 2023 年 12 月印发的《关于深入推进学术学位与专业学位研究生教育分类发展的意见》指出，推进两类学位分类发展，其中学术学位研究生教育以培养未来学术领军人才为目标，专业学位研究生教育应瞄准国家战略和需求，以培养卓越工程师为导向。

2. 产教融合度还需提高

高校的主要任务是为国家社会培养人才，企业的目标是提高生产价值，这种目标的差异导致目前"产和教"脱节现象。仅仅依靠书本、课堂、实验室，这样培养出的学生缺少企业实践经历，接触不到工程实际问题，解决不了"卡脖子"问题。

3. 双导师制建设有待加强

"双导师"制是工程硕博士培养的一个重要特征，校内和企业导师分别指导学生的基础学习和工程实践。但是，一方面，部分校内导师缺乏工程经验，完全按照学术学位模式在培养工程研究生；另一方面，企业导师不熟悉人才培养流程，且随着工程硕博士招生数量的快速增加，企业导师的数量逐渐落后。

三、四川大学卓越工程人才培养探索与实践

四川大学是中国卓越工程师培养联合体成员单位之一，学校多年来持续探索卓越工程人才培养，为人才强国战略做出了贡献。

(一) 突出卓越工程人才培养定位

为突出卓越工程师培养特色，学校发布了《四川大学专业学位研究生培养改革实施办法》1+10+N 等系列文件。2022 年全面修订电子信息、机械等 7 个工程类别研究生培养方案，方案以大国工匠精神为指引，以培养新时代卓越工程师为目标。

一是紧密围绕研究生工程能力培养，明确学生需要完成不少于 6 个月的企业专业实践，开展案例教学的课程比例不低于 60%。同时，积极吸引行业企业优质教学资源参与研究生课程教学，开设由行业专家为授课主体的工程实践课程 37 门，其中电气工程学院将"技术前沿与专业实践"实践课程搬进企业，现场教学，成为学生热门修读课程。

二是工程博士实践环节和毕业论文紧密结合企业工程实际。作为一所西部高校，我校工程硕博士的培养围绕成渝地区双城经济圈、西电东送等国家重大发展战略，致力培养卓越工程师工程技术创新能力。例如，针对西南酸性矿区土壤污染防控重大难题及技术需求，环境工程博士研究生下到企业一线和田间地头，助力研制系列农田土壤钝化剂、固定剂，取得多项技术专利，技术成果得到广泛应用。

三是持续推进分类培养，让学术更"学"，专业更"专"。深化专业学位与职业资格的衔接，支持鼓励工程硕博士在读期间获得造价工程师、建造师等专业相关职业资格证书，不断提高卓越工程人才职业胜任能力。

(二) 深入推进产教融合

学校坚持与国内头部企业开展研究生联合培养，与多家中央企业、行业头部企业等开展卓越工程人才联合培养。其中，作为国家首批工程硕博士培养改革专项试点高校，与 13 家行业龙头企业共同推进工程硕博士培养改革；与国网四川公司等大型企业共建产教融合研究生联合培养基地 139 个；与中国核动力研究设计院等共建创新研究院 2 个；加入中国商用飞机有限责任公司大飞机产教联盟，不断加强新时代卓越工程师培养。

学校不断加强与地方政府合作，充分利用政府统筹地方产教融合资源的优势，深入推进卓越工程师培养，服务区域经济发展。如与成都市高新区签订产教融合合作协议，连续 5 年在电子信息等领域开展订单式卓越工程人才培养，实现企业出题、高校接题、师生答题的良性互动，学生毕业后也主要选择留在高新区，助力高新区发展。

（三）持续加强双导师制建设

学校坚持工程硕博士双导师制。在校内导师方面，学校坚持引进与内培相结合、聘用与考评相衔接、激励与约束相协调的人才机制，严把导师入口关，强化导师动态管理。目前，各工程学位点均拥有一支人才培养经验丰富的专任教师队伍，其中有行业、产业和成果转化研发经历的教师超过教师总数量的 60%。在产业导师方面，制定《四川大学专业学位研究生产业导师选聘与管理办法》，聘请来自中国商用飞机有限责任公司等企业的知名专家担任产业导师 851 人，企业专家参与开题、中期考核和毕业答辩等研究生培养全过程。与四川科伦药业股份有限公司在生物与医药学科领域探索实施了"校内导师＋产业导师＋人力资源导师"的"三导师"制，持续深化校企协同育人模式。

（四）新时代卓越工程人才培养的思考

卓越工程人才的培养不能闭门造车、生搬硬套，应通过与行业企业加强基地建设、双导师制建设、课程和案例建设等，通过共建卓越工程师学院等方式，不断深化产教融合，突出研究生工程实践能力培养，全面提升新时代卓越工程师培养质量，建立与经济社会发展相适应的中国特色世界水平卓越工程师培养模式，促进我国从工程教育大国向工程教育强国迈进。

参考文献:

汪劲松,张炜. 面向国家重大需求的高层次专业人才产教融合培养探索与实践[J]. 学位与研究生教育,2022(8):1-5.

肖曦. 我国工程专业学位研究生教育发展与卓越工程师教育推进[J]. 学位与研究生教育,2023(1):7-8.

赵巍胜,王扬,吕卫锋. 新时代产教融合培养卓越工程师改革探索[M]. 北京:航空航天大学出版社,2024.

大数据驱动的研究生教学质量监控与评价[*]

张福会 刘 立 黄 瑶 龚峤林

(四川大学研究生院 四川成都 610065)

摘 要：信息技术的飞速发展对当今社会产生了广泛而深远的影响，尤其是近些年大数据和人工智能的崛起，使经济发展、科技创新、社会治理及生活方式等社会的方方面面产生显著变化，包括研究生教育。研究生教育在培养高水平科研人才、推动学术发展和社会进步等方面发挥着关键作用，相关教育管理部门和很多高校采取了一系列改革措施以提高研究生培养质量。教学质量监控与评价作为研究生教育管理的重要组成部分备受关注，许多高校尝试将大数据技术引入其中。本文从大数据驱动的角度出发，探讨如何将大数据技术应用于研究生教学质量监控与评价，从而提高教学质量和教学效率。首先介绍了大数据技术在教育领域的研究现状，然后分析了大数据对研究生教学质量监控与评价的重要意义，接着深入

---

[*] 本文研究成果获四川大学研究生教育教学改革研究项目"大数据驱动的高校教学质量监控与评价研究"（项目编号：GSSCU2023126），四川省学位与研究生教育学会研究项目"基于人工智能数据挖掘技术的研究生课程教学质量提升研究"（项目编号：2023YB0309）、"校企协同开展研究生联合培养机制研究"（项目编号：2022YB0301）经费资助。

探讨了大数据技术在该领域的具体应用方法，最后展望了大数据驱动的研究生教学质量监控与评价的未来发展趋势。

关键词：大数据；研究生教育；研究生教学质量监控与评价

研究生教育是高等教育的重要组成部分，承担了培养高层次人才和创新创造的关键任务，在推动社会进步和科技发展方面发挥着重要作用。随着社会环境的快速变化和技术的迅速发展，研究生教育也面临着多重挑战，如国际竞争的加剧、就业市场的变化、导师队伍的结构与数量不足等。因此，全面提高研究生教育质量是我国当前研究生教育的核心任务。目前，很多高校开展了大量的改革实践，包括完善教育评估制度和校内保障体系，以加强对教学活动、教学过程和教学效果的评估和监督。

随着大数据时代的来临，"互联网＋"、云计算和人工智能等新兴技术正逐步渗透到各行各业。这些技术的广泛应用促进了社会、经济、政治和文化等领域管理方式的变革，也给研究生教育领域带来了新的挑战和机遇。大数据技术具有强大的数据处理和分析能力，能够解决传统研究生教学质量与评价过程中出现的诸多问题，如评价的主观性以及数据处理和分析的烦琐性。因此，作为研究生教育重要组成部分的研究生教学质量监控与评价，被赋予了新的内涵和使命。

本文从大数据在教育领域的研究现状、大数据对研究生教学质量监控与评价的重要意义、大数据驱动的研究生教学质量监控与评价方法以及未来发展趋势展望四个方面，解析大数据技术对研究生教学质量监控与评价带来的变革。大数据驱动的研究生教学质量监控与评价可以对影响教学质量的因素进行重新梳理，为研究生教学管理提供理论参考，改善研究生教学质量。

一、大数据在教育领域的研究现状

随着信息技术的飞速发展，教育工作者可以从不同平台获取海量教育数据，例如大规模在线开放课程（慕课、Coursera、智慧教育平台）、智能辅导系统（课程智能助教系统、在线学习智能导学系统、学习通）、学习管理系统（智慧校园、e学堂、学堂在线），这些数据涵盖了学生的个人记录、学习日志和活动、学习成绩和成果。随着大数据技术在教育领域的广泛应用，这些数据通常被用于学习分析、教学评估、个性化教育以及教学资源优化。例如 Li 等人利用过程模型将学习分析与教学和组织目标有机结合，实现通过复杂数据服务教学优化（Li, Bao, Xu, 2015）。Kardan 等人通过分析影响课程选择的因素，开发了一个神经网络模型，对学生的课程选择进行预测（Kardan, Sadeghi, Ghidary, 2013）。同时，他们基于学生选课行为和神经网络方法，提出了课程设置决策支持系统，帮助教学管理人员优化课程设置（Kardan, Sadeghi, 2013）。Huang 等人以三所不同学校的学生学习日志为数据集，利用八种不同的分类器，预测学生的学业成绩表现，并分析影响学生学业成绩分类的关键因素，为教师设计学习活动提供反馈（Huang, Lu, Huang, 2020）。Babić 以在线学习管理系统（LMS）课程中的学生行为作为数据集，开发了一种神经网络模型，用以预测学生的学术动机（Babić, 2017）。过往研究发现，53%的教育领域大数据文章以学习者的行为和表现为主题，15%的文章涉及建模和教育数据库，23%的研究以改进教育系统为主题，10%与大数据融入课程有关（Baig, Shuib, Yadegaridehkordi, 2020）。这些研究显示了大数据在教育领域的应用前景十分广阔，为高校研究生教学质量监控与评价提供了新的思路和方法。

二、大数据对研究生教学质量监控与评价的重要意义

将大数据技术运用于研究生教学质量监控与评价可以实现教学质量评价的全面性、客观性和实时性，为个性化教学提供相关支持，促进教学质量的持续改进和优化。首先，通过大数据技术，我们可以收集、整合和分析各级教学质量监测数据，例如学生学习数据、教师教学过程指标、教学资源的使用数据，从而实现研究生教学质量的全面性和客观性评价。其次，大数据技术，实时监测和分析学生的学习行为和成绩，发现教学过程中的问题和障碍，以便老师及时调整教学方法，为教学实践提供及时反馈。通过大数据分析，教师可以发现不同学习者的学习需求和特点，针对不同学习者展开个性化指导，使得不同专业的研究生在各自的领域更好地成长。同时，大数据技术可以对教学过程和效果进行持续监控和评价，帮助教师不断改进和优化教学内容和方法，提高研究生教学质量，改善教学效果。最后，大数据技术可以为教学管理部门和相关管理人员提供丰富的数据支持，有利于实现研究生教学质量的精细化管理和监控，为教学决策提供理论参考和科学依据。

三、大数据驱动的研究生教学质量监控与评价方法

大数据技术在研究生教学质量监控与评价中的应用涵盖了课程设置与优化、学习分析、成绩预测、教学效果评估、个性化学习、教学资源管理等，在具体实施过程中，主要考虑以下几方面：多元数据、数据分析、评价指标（见图1）。

传统的教学质量监控与评价主要集中在评估教师的教学活动方面，注重教师教学内容、教学方法、教学过程和教学效果的质量。然而，在这个过程中，对学生学习活动及其质量的评价和监控却缺乏有效的关注。获取多元数据是大数据驱动的研究生教学

质量监控与评价的第一步，通过教务管理系统、学习平台、教学评估平台等获取的数据，包括但不限于学生个人信息（个人基本信息、入学成绩、入学方式、专业方向、入学前学校）、学生行为数据（学习日志、学习投入度、课堂作业、小测成绩）、教学过程数据（课堂教学记录、教学时长、师生互动情况）、学习成果和学术成果数据（课程考试成绩、论文成绩、论文成果）、课程数据（课程大纲完整度、选课数据、学生课程评教数据、督导和同行评价数据）、教学资源使用数据（教学资源的使用情况、图书借阅量、线上资源访问量和下载量）。通过收集这些数据，建立全面且精确的教学质量数据库。

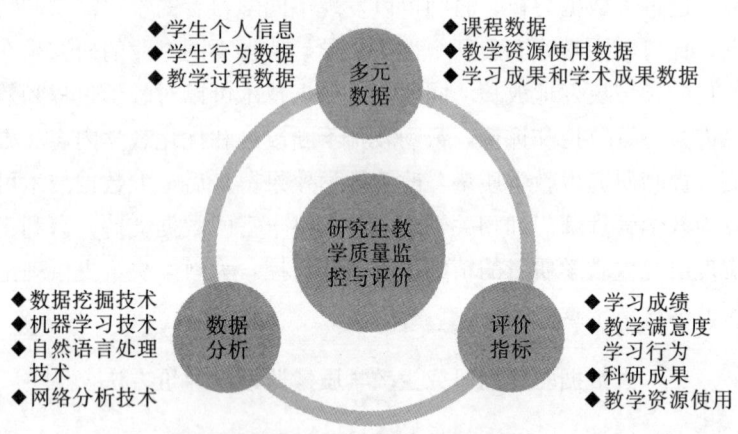

图1　研究生教学质量监控与评价方法

随后，借助先进的数据分析技术，如数据挖掘技术、机器学习、自然语言处理和网络分析技术，来处理和挖掘收集到的多元数据。采用分类、聚类以及关联规则挖掘等数据挖掘技术，可以从大量数据中发现隐藏的规律和模式，运用这些技术，可以解析不同来源数据之间的关联程度以及影响分类和预测结果的重要因素。随机森林、支持向量机、神经网络等机器学习技术可以通过训练数据模型，对课程设置和选择、学生的学习行为和学业成绩进行有效预测，有利于实现个性化指导，及时进行学业预警。自然语言处理技术可以对学生的学习日志、课堂作业、老师的教学活动记录、课程教学大纲、课程评价数据进行文本分析，提取关键信息，了解学生的学习态度和水平以及老师的教学态度和水平。网络分析技术可以分析学生之间的交流合作网络以及学生与教师之间的交流网络，了解学生之间以及学生与教师之间的互动关系及学习合作情况。这些技术可以发掘隐藏在大量数据背后的信息，使得教学质量监控与评价更具全面性、准确性和客观性。

合适的评价指标是影响模型准确性的关键因素，在大数据驱动的教学质量监控与评价中，也要选择合适的评价指标来评估教学效果和学生学习成果。单一的评价指标很难准确地反映整体情况，教学质量监控与评价的评价指标通常需要包括学习成绩（平时成绩、考试成绩、论文成绩）、学习行为（学习时长、学习频率、知识掌握度）、教学满意度（学生对教学质量的满意度、督导和同行的评价和反馈）、科研成果（发表的科研论文、获得奖项、科研竞赛）、教学资源使用（教学资源的访问量、下载量、使用频率）。

全面且精确的数据来源、先进且多样的数据分析方法、合适且丰富的评价指标构成大数据驱动的教学质量监控与评价的三要素。对于大数据分析来说，数据的准确性和完整性是结果可靠性的前提，在研究生教学质量监控与评价的实践过程中，需要时刻关注数据来源，同时根据评价结果及时调整教学策略和教学内容与方法，合理地进行教学资源配置，提供个性化学习支持和指导。

四、未来发展趋势展望

总的来说，大数据技术为研究生教学质量监控与评价开辟了一条全新的道路，搭建有"广度"的研究生教学质量监控与评价数据源，开展有"深度"的研究生教学质量监控与评价数据分析，形成有"准确度"的研究生教学质量评估结果。本文从大数据驱动的角度出发，探讨了如何运用大数据技术实现研究生教学质量监控与评价。首先分析了大数据技术在当教育领域的研究现状，进而探讨了大数据技术研究生教学质量监控与评价的重要意义，然后详细介绍了大数据驱动的教学质量监控与评价的具体方法。未来，随着大数据技术的不断发展，大数据技术将进一步扩宽研究生教学质量监控与评价的广度，提升其深度，更加全面、客观地评估研究生教学质量，为高等教育事业贡献力量。

参考文献：

BABIĆI Đ. Machine learning methods in predicting the student academic motivation [J]. Croatian Operational Research Review, 2017: 443−461.

BAIG M I, SHUIB L, YADEGARIDEHKORDI E. Big data in education: A state of the art, limitations, and future research directions [J]. International Journal of Educational Technology in Higher Education, 2020 (17): 1−23.

HUANG A Y, LU O H, HUANG J C. Predicting students' academic performance by using educational big data and learning analytics: Evaluation of classification methods and learning logs [J]. Interactive Learning Environments, 2020, 28 (2): 206−230.

KARDAN A A, SADEGHI H, GHIDARY S S. Prediction of student course selection in online higher education institutes using neural network [J]. Computers & Education, 2013, 65: 1−11

KARDAN A A, SADEGHI H. A Decision Support System for Course Offering in Online Higher Education Institutes [Z]. International Journal of Computational Intelligence Systems, 2013 (6): 928−942.

LI Y, BAO H, XU C. Learning analytics: Serving the learning process design and optimization [C] //Learning and knowledge analytics in open education: Selected readings from the AECT − LKAOE 2015 summer international research symposium. Berlin: Springer, 2015: 31−40.

高分子学科研究生招生现状分析及招生宣传策略探索
——基于四川大学高分子学科2021—2023年研究生招生数据分析

张 聪

(四川大学高分子研究所 四川成都 610065)

摘 要：研究生教育肩负着培养具有创新能力的高层次人才的重任，要实现高质量的研究生培养，生源质量是关键因素之一。本文基于四川大学高分子学科2021—2023年研究生招生数据，剖析了近三年研究生招生现状。本文认为，应组建多方联动的研究生招生宣传队伍，采用"线上+线下"的宣传模式，广泛开展"精准研招宣传"活动，重视本校生源，持续深入地进行考研动员宣传，加强优秀大学生夏令营招生宣传力度，尽力吸引更多优质生源。

关键词：研究生招生；推免生；优质生源；招生宣传

2020年9月，教育部、国家发展改革委、财政部联合发布《关于加快新时代研究生教育改革发展的意见》，提出要深化体制机制改革，创新招生培养模式，精准选拔人才，择优录取，为我国现阶段研究生教育改革发展指明了新的方向。截至2023年，全国研究生报考人数已经达到 474 万，我国的研究生教育事业已经进入学历普及化阶段。提高研究生培养质量的关键在于提高研究生生源质量。在招生规模不断扩大、录取率不断提高的形势下，如何保证生源质量、精准选拔人才，是现今研究生招生工作中至关重要的课题。

一、四川大学高分子学科研究生招生现状分析

（一）招生考试录取情况分析

近年来，四川大学高分子学科硕士研究生招生总数稳中有升，笔者统计了 2021—2023 年四川大学高分子学科硕士研究生招生考试录取情况，如图 1 所示。2021—2023 年，报考四川大学高分子学科的人数每年高达 600 人以上，考录比平均为 4.0∶1，生源充足，但录取生中本院考生占比和优质生源比例却逐年下降。本院学生录取比例不足四分之一，同时招收非"双一流"建设高校、非一流学科建设高校的学生接近半数。在保证招生考试过程公平公正的原则下，初试分数和面试表现综合成绩排名靠前的学生中，越来越多的是外校包括非"双一流"建设高校学生。

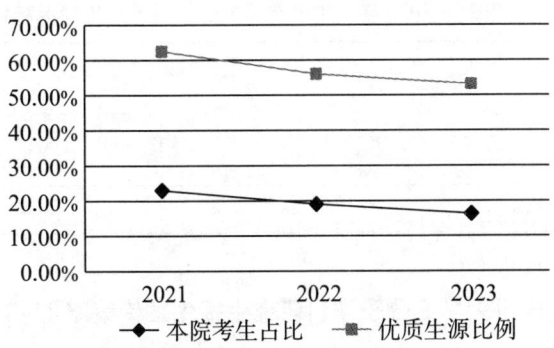

图 1　2021—2023 年四川大学高分子学科硕士研究生招生考试录取情况统计

（二）推免生人数呈下滑趋势

2021—2023 年四川大学高分子学科推免生情况统计如表 1

所示（本文中"推免生数"指推免硕士研究生和推免直博生总数）。2021—2023年，高分子学科录取的推免生人数逐年减少，并且推免生中本校生源逐年减少。这说明高分子学科对全国各高校的推免生吸引力在逐年下降，高分子学科虽然拥有世界一流的学科发展平台和一流的师资队伍，但是研究生的优质生源却还有很大的发展空间。值得注意的是，根据近三年高分子学院获得推免资格的本科生人数计算，本院推免生选择留本院继续深造的比例由53.8%降至43.8%。本院本科生流失情况逐年加重。2014年起，教育部要求高校尊重并维护考生自主选择志愿的权利，不得将报考本校作为遴选推免生的条件，也不得以任何其他形式限制推免生自主报考，并取消了留校限额。相比于西部高校，获得推免资格的本科生更愿意选择学科影响力相近、就业机会更多、经济更发达的沿海城市"双一流"高校深造。在此形势下，如何结合学科实际情况，因地制宜制定精准化、全方位招生宣传方案，以吸引优质生源和吸引本院学生留校深造，是学科面临的新形势和重大挑战。

表1 2021—2023年四川大学高分子学科推免生情况统计

年份	推免生人数	推免生中本院学生人数	本院推免生留院深造率
2021	94	35	53.8%
2022	89	33	52.4%
2023	87	28	43.8%

二、四川大学高分子学科研究生招生宣传策略

（一）组建多方联动的研究生招生宣传队伍

研究生招生宣传工作是二级招生单位、导师的职责之一，各级管理部门应形成联动机制，共同实施精准招生宣传工作（罗洪

川，向体燕，高玉建等，2022）。由分管研究生教育的领导牵头，组建包括学科负责人、研究生导师、研究生管理人员、在校研究生、校友联动的研究生招生宣传队伍。以"巩固校内、拓展校外"为路线，进行精准招生宣传，对有可能获得推免资格或有意向考研的应届本科生进行定点跟踪，为吸引优质生源报考提供基础保障。

考生在选择报考学校时主要考虑学校的科研水平、就业前景、导师实力等因素（镇志勇，张学文，2011）。导师是研究生培养第一责任人，考生非常希望能了解导师的信息，学术造诣高、责任心强、有亲和力的导师可以吸引更多优质生源。所以导师要加强自我宣传意识，及时在网络更新研究方向、科研成果、团队及课题组学生情况以及联系方式等，为考生提供便捷的与导师直接进行交流的机会。在校学生的宣传对象主要集中在家族、亲戚朋友圈子中的考研学生；校友和优秀毕业生的主要宣传对象是工作单位及亲戚朋友圈中拟读研的同事和亲友的子女（罗洪川，向体燕，高玉建等，2022）。

（二）采用"线上+线下"的宣传模式，广泛开展"精准研招宣传"活动

当下互联网和新媒体飞速发展，应积极探索新媒体发展背景下招生宣传的新方式。可以通过运营学院微信公众号、官方微博等新媒体运营方式及时推送学科最新动态和亮点工作，吸引考生眼球，达到良好的宣传效果。同时依托 QQ、微信等即时通信平台，灵活介绍研究生招生情况及相关政策，在考生中扩大四川大学高分子学科的影响。在各个"双一流"高校及相关学院，通过考研群、推免群、专业群、年级群、社团群、校友群等各种渠道，广泛宣传我校研究生招生政策以及教学科研成果。

加强学院网站建设，利用常态化宣传提升优质生源对我院的认同感。积极发布学院教学科研方面的新闻报道及与研究生招生

相关的各类信息，如夏令营招生简章、"教授开放日"等。在学院官方网站系统介绍学科特色与优势、师资力量、研究生招生简章、专业目录、招生方式、奖助学金制度以及就业情况等，方便考生查询信息。

在线下可适时开展学术报告和招生咨询相结合的活动，建立优质生源吸收长效机制。加强与生源优势集中的高校的联系，导师可以借助到对方学校做学术交流的机会，为团队做招生宣传，拓宽学科的生源（张立迁，2020）。每年举办或承办各类大型学术会议，吸引全国同专业领域师生前来参会，会议期间，各高校师生探讨学术问题，交流领域信息，是学科面向全国同专业领域师生展示本学科实力、科研条件和导师研究方向等的好时机。

此外，通过充分调研，根据学科办学实力和水平准确定位生源单位，确保招生宣讲的精准性。定点组织专场研究生招生咨询活动，由招生宣传队伍到高校举行专场宣讲会，同时在研究生报名阶段，在学校内部举行专场咨询会，吸引对口专业的优质生源。通过宣讲、互动答疑等形式让更多的学生了解四川大学高分子学科，解答学生的疑问。

（三）重视本校生源，持续深入地进行考研动员宣传

学院本科教学管理人员应积极组织召开面向本专业的本科生考研咨询会，以主题班会、导师讲座、经验分享等形式宣传我校研究生招生政策和奖助体系、导师情况，做好专业排名前50％学生读研意向跟踪和服务工作。同时利用本科生"导师制"培养模式、大学生创新创业训练、本科毕业论文等培养关键环节，加强导师与学生的学术交流，引导学生建立对学院和学科专业的认同感和归属感，引导和鼓励学生继续在我院深造。学院通过本院推免、本硕博贯通式培养的招生机制，为学生提供清晰的深造发展路径，保障研究生生源质量。

（四）继续加强优秀大学生夏令营招生宣传力度，提高成效

2021—2023年夏令营优秀营员中报告考高分子学科推免生比例如图2所示。

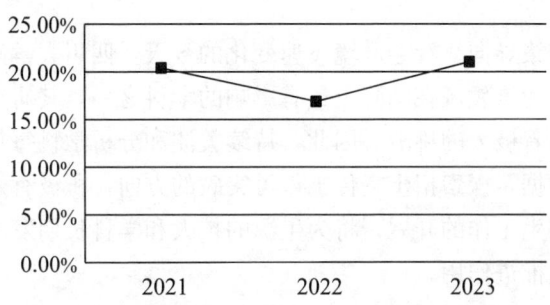

图2　2021—2023年夏令营优秀营员中报考高分子学科推免生比例

由图2可知，近三年夏令营优秀营员中报考我学科推免生的比例仅为20%左右，转化率非常低。每年夏令营投入大量的人力、物力、财力，效果却不理想。由此可见，学科仍须继续加强优秀大学生夏令营宣传力度，提高成效。

扩大暑期夏令营的影响，让更多优质生源加入夏令营活动，将会有效提高学科的推免生源数量。除了在宣传平台上增加曝光度，夏令营活动的优势还在于营员可以走进校园，切身感受川大高分子学科的实力和特色，促使导师和优秀学生面对面交流，对锁定优秀生源具有积极的推动作用。夏令营期间应安排一系列活动，如学科介绍、专家讲坛、营员与导师交流、参观实验室等活动。同时，积极向营员宣传学校关于推免生的奖助学金政策，学校和学科各项研究生培养规章制度和研究生就业前景，解答营员的各种疑问，使营员对川大高分子学科有更全面的了解。组织营员进行提前考核，考核优秀的营员，获得推免资格且满足学校接收推免生条件者，在推免系统及时响应填报我校即可免复试予以录取。夏令营结束后，学院进行有效生源的筛选，通过发送电子

贺卡、电话慰问等方式进行生源回访，让营员感受到四川大学高分子学科对优秀生源的爱惜和重视，进一步锁定优质生源。

三、总结

在政策导向、社会环境飞速变化的今天，四川大学高分子学科即便作为该领域在国际上最有影响的学科之一，其研究生招生依然面临着极大的挑战。因此，持续关注和分析学科每年的研究生招生数据，探索招生宣传工作可突破的方向，积极有效地促进研究生招生工作的开展，将为生源的扩大和学科长期发展起到积极向好的推进作用。

参考文献：

罗洪川，向体燕，高玉建，等. 以生源质量为导向的研究生精准招生宣传方法研究——基于 X 高校 2018—2020 学年度招生数据的分析 [J]. 福州大学学报（哲学社会科学版），2022（1）：134-140.

张立迁. 高校博士研究生招生宣传革新的新思维探讨 [J]. 大学（研究版），2020（5）：36-40.

镇志勇，张学文. 研究生招生宣传工作的实践与思考——以华中农业大学为例 [J]. 湖北经济学院学报（人文社会科学版），2011（6）：172-174.

高校研究生生均培养成本研究

蒋 静

(四川大学发展规划处 四川成都 610065)

摘 要：研究生生均培养成本是完善研究生教育投入机制和开展培养成本分担机制的关键因素。本文对研究生生均培养成本的核算范围进行了界定，认为科研成本的30%应当计入高校研究生生均培养成本，在此基础上构建了研究生生均培养成本的核算路径，提出推进高校研究生生均培养成本核算工作的建议措施。高校要建立生均培养成本核算制度，强化成本核算意识；重视基础数据采集，构建基础数据库；加快构建成本核算信息系统，促进业财融合，通过生均培养成本核算优化资源配置，为研究生创新能力培养提供良好的资源保障，加快研究生教育改革。

关键词：研究生；生均；培养成本

一、高校研究生培养成本核算的意义

研究生教育投入是研究生教育改革和发展的重要支撑和保障，充足的经费投入是加快研究生教育发展的必要条件。为了加快研究生教育改革，2020年9月教育部、国家发展改革委、财政部发布《关于加快新时代研究生教育改革发展的意见》，对研究生培养经费投入机制提出了新的要求。一是完善研究生教育投入体系，加大博士研究生教育投入力度，研究建立差异化生均拨款机制。二是完善培养成本分担机制，合理确定不同类型研究生教育学费收费标准，健全教育收费标准动态调整机制。不论是建立差异化生均拨款机制，还是建立不同类型研究生教育学费收费标准，研究生生均培养成本都是必要的参考因素。高校开展研究生生均培养成本核算工作不仅有利于学校完善学费定价机制，提高教育收费决策的科学性，还有利于政府部门完善生均拨款机制，提高政府核定生均拨款的合理性，同时还能为高校开展绩效管理活动提供信息支撑，是提升资金使用效益、优化资源配置的重要依据。

二、高校研究生培养成本的界定

随着教育成本分担机制的建立，国家越来越重视生均培养成本的核算。学者经过研究，就离退休费用、国家转移支付的奖助学金等不应当纳入成本核算范围取得较为一致的意见（沈园，2023），但对于是否把科研成本纳入研究生培养成本核算范围，尚未有统一的处理方法。

有些学者认为，科研费用应包含在研究生培养成本内，且进行研究生培养成本核算时，只将部分科研成本纳入核算范围。高校成本核算中的资源是指为培养学生而进行的费用支出，主要包括教职工费用、教学经费、管理费用、部分科研费用、无形资产投入、固定资产折旧费等，研究生导师在完成科研任务过程中对研究生的培养和教育投入，也应该按照科研成果产出所支付的费用作为研究生培养费用计入教育成本（韩志光，2013）。也有学者认为，应将科研费用30%计入高校教育成本。而在2022年财政部颁布的《事业单位成本核算具体指引——高等学校》中，明确核算教育活动成本范围是教育活动费用和单位管理费用中的行政管理及后勤报账费用，未将科研活动费用纳入教育成本核算范围。

《高等学校教育培养成本监审办法（试行）》第六条指出：生均培养成本是指高等学校培养一个标准学生的平均成本。可见，高校培养成本是从接受教育服务即学生的角度出发，核算高校所有资源耗费中与学生相关的支出，剔除与学生培养无关的资源耗费，比如离退休费用、对外提供服务获得经营收入的资源耗费等。但研究生培养目标不同于本科生的通识教育培养目标，研究生培养将研究教育、创新精神和实践能力作为核心任务，创新能力培养目标要求进一步明确，价值实现层次更高，即研究生教育是为提高国家创新力和国际竞争力提供有力支撑，为建设人才强国和人力资源强国提供坚强保证。为了提升研究生创新创造能力，鼓励研究生深入科研项目是研究生培养的重要部分，故本文主张将科研成本的30%计入高校研究生生均培养成本。

三、研究生生均培养成本核算路径

（一）研究生生均成本核算原则

1. "谁受益谁承担"原则

"谁受益谁承担"原则是指共同性费用在不同成本对象之间进行分配时要遵循"谁受益，谁负担；何时受益，何时负担、负担程度与受益程度成正比"的原则，如高校仅承担公共课且无专业学生或者交叉教学的教师费用应按受教育学生所在学院作为成本归集对象。

2. 重要性原则

重要性原则是指归集和分配成本时，要考虑成本发生对象的性质、规模和对成本决策影响的大小，来判断是否或者如何计入成本核算对象。如当成本既涉及教学又涉及科研时，可按成本发生主体的职责重要性程度选择全部计入某类成本，简化成本分配程序，如教学与管理双肩挑的教师费用可按其教学或管理主要工作量，选择全部计入教育成本或者行政成本；教学与科研混合型教师费用可按其主要职责选择全部计入教育成本或者科研成本等。

3. 相关性原则

相关性原则要求对成本费用应该按照相关性进行归集，与教育学生相关的成本均归为教育成本，无关的成本则不能计入教育成本；与科研项目研究相关的成本均计入科研成本，无关成本则不能计入科研成本。

（二）研究生生均成本核算路径

1. 设置成本责任中心，按部门归集成本

高校可通过设置成本责任中心来归集成本，研究生生均成本核算路径如图1所示。

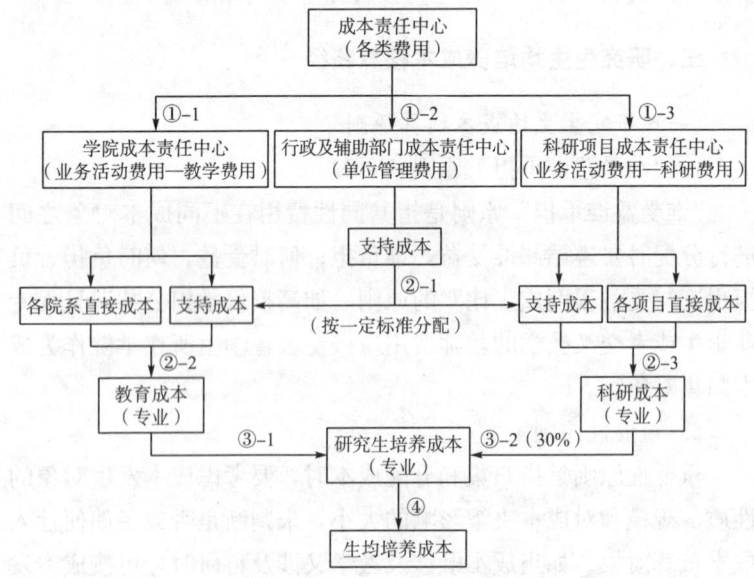

图1 研究生生均成本核算路径

如图1所示，按照高校的职能分工，可设置学院成本责任中心、行政及辅助部门成本责任中心以及科研项目成本责任中心。①将"业务活动费用—教学费用"归集到学院成本责任中心，该责任中心归集学院各具体专业年级的直接成本，以及无法直接归集到专业年级的辅助部门间接成本；②将"单位管理费用"归集到行政及辅助部门责任中心，成本归集对象为各行政及辅助部门，如教务处、后勤保障部门等；③将"业务活动费用—科研费用"归集到科研项目成本责任中心，该责任中心归集各科研项目的直接成本，以及无法归集到各项目的辅助部门间接成本。

2. 各责任中心分配归集的成本

将各责任中心归集的间接成本按照一定分配标准进行分配。行政及辅助部门责任中心采用一定的分配方法将间接成本分配至学院成本责任中心和科研项目成本责任中心，作为支持成本分配到各辅助部门。学院成本责任中心辅助部门间接成本根据一定的分配规则分配到各院系教育成本。科研成本责任中心辅助部门间接成本根据一定的分配规则分配到各项目科研成本。本次分配建议以专业作为核算对象，分配参考因素根据费用的性质可以选择教职工或学生人数、工作量、房屋面积等。

3. 归总研究生培养成本

研究生培养成本以专业为核算对象，根据各科研项目成本参与研究的研究生归属专业，将各项目科研成本的30%分配到研究生培养成本；分配的科研成本与各院系教育成本进行归总，合计得到研究生培养成本。

4. 确定生均培养成本

生均培养成本的计算分配因素为学生人数。学生人数按年初学生总数与年末总数平均计算，同时按照本科生：硕士生：博士生＝1∶1.5∶2的比率换算成标准学生数。生均培养成本＝某专业研究生培养成本/标准学生数。

四、高校研究生生均培养成本核算建议

（一）建立生均成本核算制度，强化成本核算意识

政府会计制度的实施为高校成本核算提供了制度基础。但目前高校作为事业单位，成本核算意识仍然薄弱。为了高校生均培养成本核算工作能够顺利进行，高校应建立生均培养成本核算制度，强化成本核算意识。一是成立生均培养成本核算工作委员会，提供组织保障，逐步增强全校各级人员，特别是科研人员的成本核算意识，同时鼓励科研人员加大对研究生培养的投入力度。生均培养成本核算工作委员会负责制定生均培养成本核算制度，划分各部门和各学院等二级单位的生均培养成本核算责任，监督生均培养成本核算工作完成情况，并及时披露生均培养成本核算信息。二是高校结合实际情况，制定生均成本核算具体核算流程，包括成本核算实现路径、成本分配因素、数据模型等，通过落实生均培养成本核算制度，高校对生均培养成本核算流程进行全过程控制，确保生均培养成本核算工作稳定运行。三是建立生均培养成本核算工作考核制度，结合绩效评价工作，对各学院各研究专业开展差异化评价工作，建立相应的考核机制，增强各部门和各二级单位的生均培养成本控制意识，发挥生均培养成本核算的作用。

（二）重视基础数据采集，构建基础数据库

高校长期以来无法有效开展生均培养成本核算，不仅仅是因为高校是非营利机构，缺乏成本核算的动力，更为重要的原因是因为高校内设机构数量多，涉及师生数量众多，业务囊括教学与科研以及社会服务等，成本核算的难度很大。当前大多数高校数据资源分散，资产、人事及学生学籍等信息分散在各部门和各二级单位，尚未实现联动管理。而高校开展研究生生均成本核算需根据不同核算对象进行归集，特别是科研成本的核算，对于研究

生参与科研项目的人员基础数据要求更高，这些都依赖于原始数据的准确性。如果高校无法保证原始数据的准确性，高校生均培养成本核算工作，特别是研究生生均成本核算工作就较难顺利开展。成本核算的原始数据不仅包括财务部门的财务数据，还包括各二级单位及部门、科研项目组的工作量、房屋面积、水电气、师生人数、教职工人数等，为了确保数据的准确性、及时性以及共享性，高校应构建基础数据库，归集各部门及二级单位、科研项目组的基础数据。对于基础数据的变动，比如房屋建筑物面积、教职工人事变动信息、科研项目进展情况及学生人数等，相关部门更新后及时上传到中心基础数据库，做好成本核算基础数据采集工作。

（三）加快构建成本信息系统，促进业财融合

高校生均培养成本核算工作量大，高校需要加快推进成本核算信息化，利用信息化技术手段提高信息储存及分类归集的能力，并建立不同部门之间的信息传递机制，促进业财融合，实现信息共享。一是构建成本核算系统，在现有核算系统上设置成本核算模块，实现在费用发生时对成本按照核算对象进行归集，可按月生成成本核算单，按月进行间接费用的分配，生成月度、季度、年度成本报告等。二是打通数据壁垒，构建数据共享信息系统，例如将人事管理系统与财务核算系统连接，教职工信息的变动可及时同步至财务核算系统，以快速区分教学活动与科研活动，例如将学生的学历、学制和专业信息嵌入财务成本核算模块，便于在成本核算时根据需求快速界定成本核算对象并分配成本费用。三是建立财务可视化分析模块，根据收集到的不同维度数据信息，智能化追溯数据来源及支出去向，帮助财务人员解决间接费用的分配问题。通过建立业财融合的信息化系统，提高成本核算质量和成本核算能力，夯实高校生均培养成本核算的基础。

研究生教育肩负着高层次人才培养和创新创造的重要使命，是国家发展、社会进步的重要基石。为了更好地进行研究生生均培养成本核算，高校要建立生均成本核算制度，强化成本核算意识，构建基础数据库，加快构建成本信息系统，促进业财融合，优化资源配置，为研究生创新能力培养提供良好的资源保障，加快研究生教育改革。

参考文献：

韩志光.高校内部成本核算模型研究［J］.会计之友，2013（5）：116-118.

沈园.高校教育成本核算的研究综述和展望［J］.会计师，2023（3）：5-7.

新材料领域工程博士专业学位研究生培养路径的探索

——以四川大学高分子科学与工程学院为例

刘丹[1] 罗寒[2] 龚骄林[3]

(1 四川大学高分子科学与工程学院 四川成都 610065;
2 四川大学生命科学学院 四川成都 610065;
3 四川大学研究生院 四川成都 610065)

摘 要：在国家产业发展的背景下，面向国家对工程领域高层次人才的战略需求，学校肩负着为国家培养服务国家经济转型和产业升级的工程博士的重要使命。本文以四川大学高分子科学与工程学院为例，介绍了学院以企业项目为导向，聚焦企业重大需求，在探索工程博士培养路径的过程中，在推行精准招生、建设特色课程体系、持续推进教学改革、形成特色培养模式、完善管理体系等方面的举措。

关键词：工程博士；课程体系；教学改革；培养模式；管理体系

---

* 本文获四川大学研究生教育教学改革研究项目（项目编号：GSSCU2023137）资助。

一、工程博士培养现状

工程博士专业学位是为适应创新型国家建设需要，完善我国工程技术人才培养体系而设立的。区别于传统的工学博士，工程博士学位是具有职业性导向的学位，其作用是提高工程技术人才的工程实践能力及领导力，使其更好地适应企业发展的需要，培养工程领域的引领者（周玲，王欣怡，2023）。

2022年3月，国家卓越工程师产教联合培养行动正式启动，要求把卓越工程师培养作为高等教育高质量发展的重点，全方位深层次大力度推进卓越工程师教育改革（杨卫，王孙禺，吴小林等，2023）。随着卓越工程人才培养上升为国家战略，明确工程博士目标定位、发现培养过程中存在的问题、探讨工程博士培养的方法与途径就显得尤为迫切（周玲，王欣怡，2023）。周杰等从清华大学培养工程博士生的探索和实践出发，阐述了清华大学在工程博士培养改革过程中的举措，探讨符合我国工程人才培养要求的工程博士培养模式（周杰，肖曦，李鹏等，2023）。鲍丽薇等介绍了清华大学计算机科学与技术系在工程博士培养与管理方面的探索，总结了一套行之有效的质量保障体系（鲍丽薇，高玉超，刘敬晗等，2022）。

四川大学高分子科学与工程学院从2020年开始招收工程博士生，截至目前共招收工程博士生191人，毕业授位8人。相较于其他院校十多年的培养经验，学院的工程博士培养还处于初始阶段，培养经验不足，管理制度还不够成熟。本文针对学院在工程博士培养过程中存在的困难，结合学院优势资源，在借鉴其他高校工程博士培养经验的基础上，初步探索出高分子科学与工程学院工程博士培养路径。

二、工程博士培养路径

高分子科学与工程学院工程博士的培养目标是培养具有大国工匠精神、面向国家重大需求、具有扎实专业基础和行业领导力，想干事、能干事也能干成事的高层次工程技术领军人才，打造一张自信、自强、自豪的川大"高材人"名片。

（一）依托科研项目，聚焦企业重大需求，实现精准招生

依托科研项目开展工程博士培养，有利于促进高校与企业形成利益与责任共同体，促进实质性校企合作，工程博士在就业后可快速融入相关行业，实现国家高层次人才精准培养（张成春，沈淳，梁东等，2023）。

学院采用以项目为导向的方式与企业合作，企业提出要解决的工程技术难题，发布工程技术项目指南，学院组织有承担工程类科技项目经历的导师揭榜挂帅，与企业形成紧密技术对接。企业结合项目推荐具有丰富工程实践经验的专家担任企业导师，与学院导师组建成"校企双导师"团队。

工程博士的选拔以项目为依托，不以专业为划分，可以招收不同学科背景的学生。招生面试官不仅有学院的导师，也有企业专家，企业专家的关注点通常在技术层面，这就更利于选拔出聚焦企业需求的研究生进入项目，使得学院、企业和研究生达成一致的科研目标。在共同目标的驱使下，院企双方在研究生培养过程中的参与度大大提高，能有效避免企业导师"挂名化"。

工程博士的选拔方式采用"申请－考核"制。选拔程序包括网上报名、提交申请材料、资格审查、材料评议、复试、思想政治素质和品德考核和录取。在网上报名环节，考生须提交已获得的最高学历学位证书、专家推荐书、硕士学位论文或摘要、攻读博士学位期间的研究计划书、参与科研、发表论文/专著等书面材料。学院邀请企业专家组成材料评议专家组，就考生的学习能力、科研能力和培养潜力进行集体评议打分，符合要求者可进入复试环节。复试考核综合考查学生的学术志趣、基本素养、学术能力和培养潜质，注重考察考生的工程创新能力、工程经验及领导能力，突出需求导向。

（二）围绕"强基础、重实践、破边界、阔视野"，打造特色课程体系

学院注重提升学生创造力及学科交叉思维能力，开设有学科前沿课程、学科交叉课程，设置由基础理论课程、实践课程、必修环节、综合素质课程和专业技能课程五大模块组成的专业学位课程体系，如图1所示。

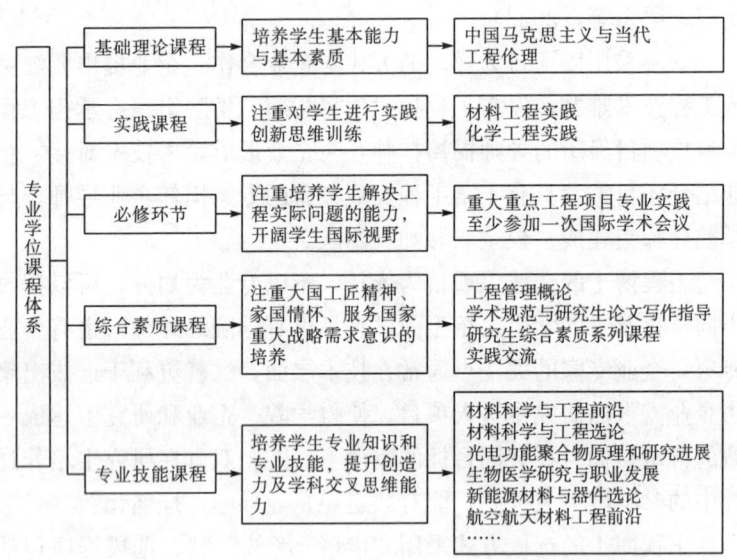

图1 专业学位课程体系

强基础：基础理论课程模块增设"工程伦理"课程，培养学生基本工程伦理道德和责任感，提高研究生工程伦理素养。专业基础课程培养研究生基础专业知识和专业技能。

重实践：增设实践课程模块，由校内资深授课教师邀请工程领域具有丰富经验的企业专家，组成资深教师＋企业专家的"校企双教师"团队，讲授企业面临的工程问题及解决办法，深化研究生实践认知。强化项目实践，所有研究生都要进行工程项目专业实践并完成实践报告，由校企双方导师审核认定后，方可获得学分。

破边界：突出学科交叉特色，学科开设"材料科学与工程前沿""新能源材料与器件选论""航空航天材料工程前沿"等多学科交叉课程，研究生可根据需求自主选择相应课程，鼓励不同专业背景的师生互相启迪。

阔视野：强化工程博士生至少参加一次国际学术会议的要求，开阔学生国际视野。开设"工程管理概论"课程，拓展工程博士项目管理思维。

（三）聚焦工程博士培养核心问题，持续推进专业学位教学改革

1. 教师充分挖掘课程思政内容，对研究生进行正确的价值观引导，激发他们的爱国情怀与科学家精神

例如，"化学工程实践"课程向学生展现了需要掌握扎实的基础理论知识才能更好地服务社会，并结合我国聚酰亚胺等高分子材料发展的"卡脖子"问题，引导学生正确认识高分子材料的发展动态，激发学生为国家发展贡献力量的科研信念和学习动力。"材料工程实践"课程通过结合优秀校友李白千获全国轻工行业"大国工匠"称号的事迹，介绍专业技术人员在技术转化升级中的重要作用，弘扬工匠精神。同时，学院导师在各类报告会、学术交流会中，坚持以学院的鲜活人物事例——高分子材料学科的开拓者徐僖院士为榜样，向学生传播崇高的科学家精神。

2. 依托学校工程博士研究生培养改革专项教改项目，积极

进行课程创新

在课堂教学过程中融入工程实际案例，采用行业专家进课堂、学生进企业现场的"校企双课堂"模式。"校企双课堂"使得学生对专业领域的工程技术问题有更了深入的了解，大大激发了学生对工业生产的学习兴趣。在课堂讲授过程中，采用翻转课堂、专题研讨、探究式教学方式，帮助学生内化知识，提升其解决实际问题的能力，真正实现理论知识应用于工程实践。

（四）整合学院和企业优势资源，构建"一核心、双导师、四依托"的特色培养模式

一核心：采用以企业需求为核心的"1+n"培养模式。工程博士在学校完成基础理论知识的学习后，进入相关企业进行工程实践，工程实践的项目选题原则上与工程博士参与的工程项目内容一致，着重解决企业工程技术问题。研究生进入企业后，研究工程"真问题"，将工程理论知识联系实际应用的理念落到实处，能提升其自豪感、团队合作能力以及工程思维能力。

双导师："校企双导师"共同参与工程博士培养全过程，为研究生培养计划制订、课程学习、开题报告、中期考核、进展报告、项目实践、学位论文研究工作、毕业答辩等环节提供切实有效的指导。在开题、中期考核、毕业答辩等关键环节均采取综合面试的形式，由校内专家和行业专家组成的考核组对研究生的研究工作进行全面检查，突出考察工程博士工程实践创新能力。

四依托：学院依托多学科交叉融合团队（高分子与医学交叉团队），有组织地开展科研训练，提升研究生交叉创新能力；学院依托现有合作资源，精准对接中国石油天然气集团公司、中国石油化工集团公司、云天化集团公司等龙头企业，建设高水平研发平台及实践基地，产学研融合发展，提升研究生创新实践能力；学院依托产学研中心，对接企业重大需求，搭建企业与学院的沟通合作平台，完善全链条服务，落实校企合作；学院依托国

家重点实验室，以高分子材料与工程创新引智基地计划为抓手，建立起5个高水平国际合作研发平台，吸引外国专家到校开展教学和学生指导工作。通过联合培养、国际学术会议、短期访学、专题讲座等形式，开阔学生国际视野，提高其全球胜任力。

（五）加强系统性管理，完善工程博士培养管理体系

学院邀请联合培养企业进校宣讲，加大企业招生宣传力度。企业结合其工程重大需求，激发研究生解决重大工程技术问题的科研热情，提高企业吸引力，促使具有工程研究志向的研究生报考。

学院加强对导师和研究生的政策引导，向导师和研究生传达学校工程博士研究生的培养背景，阐述学院培养工程博士的相关政策措施，在学院内部就工程博士培养形成高度共识。

学院采用会议座谈和问卷调查相结合的方式，结合研究生培养阶段性工作需要，征集校内导师和工程博士反馈的问题，全面了解研究生课程学习、研究课题、企业实践等校企联培过程中的问题和困难，定期总结反馈，最终形成解决方案。

学院采用企业见面会的形式，定期组织召开联培企业导师、企业相关管理人员和校内导师、校内管理人员的见面会谈，就工程博士联合培养过程中的难点问题进行研讨，切实打通联合培养路径。

学院组织工程博士指导教师分享培养经验，邀请优秀工程博士毕业生分享学习、实践经验，在全院范围内树立工程博士模范典型，发挥引领作用。

（六）明确分类评价，保障工程博士学位论文质量

学院明确科学学位博士、专业学位博士的分类评价，鼓励工程博士探索重大工程项目实际问题，形成新材料研发、新产品开发或新装置研制等创新实践成果。学位授予标准侧重考核工程博士工程技术创新能力，解决复杂工程技术问题、组织工程技术联

合研发的能力。通过导师审核、专家盲审、预答辩、答辩、学位分委员会审议、学校学位委员会审议共6个环节的全面审查，有效保障学位论文质量。

三、结语

工程博士培养是为了向国家输送能解决复杂工程问题、具有突出技术创新能力的工程师队伍（丁雅诵，2024）。学院作为工程博士的培养载体，肩负着引导工程博士开展实践创新、培养工程技术领军人才的使命。然而，学院工程博士培养历程短，还存在很多问题和不足，我们要结合实际情况，在实践中不断探索并丰富工程博士培养内涵，形成具有高分子特色的工程博士培养路径，全面提升工程博士培养质量。

参考文献：

鲍丽薇，高玉超，刘敬晗，等. 创新领军工程博士培养质量保障体系的探索与实践——以清华大学计算机科学与技术系为例［J］. 长春教育学院学报，2022（38）：69-77.

丁雅诵. 积极发挥高校与企业合力——培育更多卓越工程师［N］. 人民日报，2024-1-28（5）.

杨卫，王孙禹，吴小林，等. 改革工科研究生教育着力培养卓越工程师［J］. 学位与研究生教育，2023（1）：1-15.

张成春，沈淳，梁东，等. 依托科研项目开展工程博士培养的校企协同模式探索与实践［J］. 高教学刊，2023（29）：52-56.

周玲，王欣怡. 创新领军型工程人才培养的现实考量与对策建议——基于工程博士创新力与领导力的视角［J］. 北京教育（高教），2023（12）：26-32.

周杰，肖曦，李鹏辉，等. 服务国家需求培养工程创新领军人才——清华大学培养工程博士生的探索与实践［J］. 学位与研究生教育，2023（12）：33-40.

依托信息化平台的论文督导制度对全日制博士研究生学位论文质量的影响[*]

肖 颖 李 娟 陈 锦 陈 念
仝晶晶 陈能静 曾 雯[**]

(四川大学华西医院/四川大学华西临床医学院 四川成都 610041)

摘 要：研究生学位论文是衡量其是否达到学位授予标准的基本依据，为把好"出口关"，四川大学华西临床医学院建立了"导师—科室—督导专家—学院"四级督导论文质量控制体系，于2021年建设并启用了博士学位论文督导评审系统这一信息化平台，制定了院内督导相关制度。本文通过比较执行院内督导前后的双盲评审结果，研究该论文质量控制体系对博士学位论文质量的影响。本研究收集了临床医学2018年至2023年全日制博士学位论文的盲评结果，计算并比较差评率、通过率及"5A论文"数量等。数据显示，在实施院内督导制度后，博士学位论文盲评差评率明显下降，论文盲评通过率显著提升，同时盲评结果均为优秀的"5A论文"数

---

[*] 本文获2021年四川大学研究生教育教学改革校级项目"信息技术赋能构建临床医学研究生培养质量管理体系"（GSSCU2021037）资助。
[**] 通讯作者：曾雯。

量也明显增加。因此，依托信息化平台的论文督导制度对博士研究生学位论文质量有明显的提升作用。

关键词：学位论文；博士研究生；论文督导；信息化平台

一、引言

研究生学位论文是研究生综合素质和科研能力的体现，研究生学位论文的质量直接反映了学院研究生培养质量，是衡量研究生培养质量的重要指标。博士研究生教育是国民教育的顶端，是国家核心竞争力的体现，博士研究生培养质量的提升也是高校办学质量提升的重要标志，保障并不断提高研究生学位论文水平一直是高校研究生教育的工作重点。

从2014年起，国务院学位委员会、教育部印发多项关于学位论文质量要求的文件和规定，明确提出对学位论文的质量要求，把对学位论文质量的要求提升到了空前高度。

四川大学历来重视博士学位论文质量，要求所有博士学位论文经委托的第三方论文评审平台，按每篇5位专家的标准，对论文进行双盲评审，评审结果将直接决定博士研究生能否参加学位论文答辩，以及能否获得博士学位。

在提交双盲评审前，由于缺少内部质量审核，2018—2020年我院博士研究生学位论文盲评结果中，出现差评的比例逐年递增，分别为3.51%、4%、4.5%，因差评导致延期的比例分别为14.86%、5.91%、6.74%。

为提高博士学位论文质量，减少甚至杜绝在双盲评审中出现差评的问题论文，我院建立了"导师－科室－督导专家－学院"四级督导论文质量控制体系，于2021年建设并启用了研究生学位论文督导评审系统这一信息化平台，制定院内督导制度，通过院内督导后，再提交学校进行双盲评审。本研究比较了督导评审系统使用前与使用后的双盲评审结果，进而分析该论文质量控制体系对博士学位论文质量的影响。

二、构建研究生学位论文质量控制体系

（一）"导师－科室－督导专家－学院"四级督导构建学院论文质量控制体系

我院建立了"导师－科室－督导专家－学院"四级督导体系，发挥全院专家导师的作用，集聚团队的力量，打破师带徒的传统模式，构建以科室为单位的全员育人的新型导学模式。

导师作为研究生培养的第一责任人，主要负责博士学位论文的指导和修改，是博士学位论文质量的主要把关者。

科室作为研究生培养的业务主体，是联系导师与学生、落实研究生学位论文质量管理的"战斗堡垒"，主要负责督促导师指导论文，匹配专家评审论文。

督导专家为全院在岗研究生博士指导教师，主要负责评估博士学位论文质量是否达到送审要求，并提出整改意见。为保障督导专家的评审质量，每位专家评审博士学位论文不超过5份。

学院作为研究生培养的主要管理者，主要负责制定相关制度，组织全院专家对博士学位论文进行督导评审，评审结果将作为论文是否送外审的主要依据。

（二）制定博士学位论文院内督导制度

为了更好地执行博士学位论文院内督导，我院制定了《华西临床医学院博士学位论文院内督导管理办法》，要求每份论文送3位专家进行督导，专家根据评审表对论文进行评分，根据分数分为4个等级，为A：$\geqslant 85$分；B：$75-84$分；C：$60-74$分；D<60分。三份督导结果决定论文是否可以提交第三方平台进行双盲评审，其应用见表1。

表1 博士学位论文督导结果的应用

序号	差评（总体评价为D或评审意见为"不同意送审"）	其他结果	应用
1	≥2份	/	修改至少5个月后重新送3名院内督导
2	1份	C≥1份	修改至少2个月后重新送3名院内督导
3	1份	C<1份	修改1周后重新送3名院内督导
4	无	C≥2份	修改1周后重新送3名院内督导
5	无	C≤1份	按督导专家意见修改后送审

注：A：≥85分；B：75~84分；C：60~74分；D<60分。

同时，为了加强导师和科室对论文质量的重视，在办法中规定，若导师同一学生连续两次或同一导师一年内有两名学生督导结果为第1、2、3条，给予导师预警1次，若一年内累计受到2次预警，停招1年。

（三）建设信息化系统赋能督导

随着招生人数逐年增加，我院全日制研究生规模不断扩大。为了系统地进行博士学位论文院内督导，我院构建了博士学位论文督导评审系统，实现上传学位论文终稿并分层级传递、评审。图1是研究生学位论文督导评审系统操作流程示意图。

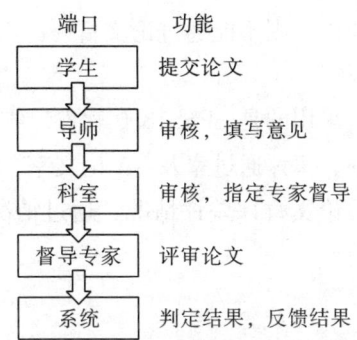

图1　博士学位论文督导评审系统操作流程示意图

如图1所示，系统学生端具备论文终稿上传、提交导师审核功能；导师端具备审核、填写意见功能，提交科室督导；科室端审核通过后，根据导师库的研究方向，自动匹配推荐专家，科室可在其中选择专家进行论文督导；督导专家端具备评审功能。督导流程为学生上传论文终稿、导师初审、科室分配督导、督导专家评审，系统将对督导结果进行自动判定，并将结果反馈至学生、导师和科室端。

二、资料与方法

（一）资料来源

本研究收集了四川大学华西临床医学2018年至2023年共计1676份全日制博士学位论文经过学校委托第三方论文评审平台进行双盲评审后得到的9030份盲评结果。

（二）论文评价标准

按照教育部和学校相关规定，每篇博士学位论文首次送审5份，盲评评审意见分为"同意答辩""基本同意答辩""须作重大修改后重新送审""不同意答辩"四个等级。其中，前两级为非差评，后两级为差评。评阅结果中有1份差评以及低于75分的意见，或有 2 份及以上则不能通过论文盲评。

（三）统计分析

本文统计分析采用的是 SPSS18.0 软件。统计分析的结局指标包括盲评差评率、盲评通过率及 5A 论文率。采用卡方检验对执行院内督导前后论文盲评差评情况、通过情况、5A 论文情况进行统计分析。

三、结果

（一）督导制度执行前后博士学位论文双盲评审的总体情况

如表 2 所示，2018 年至 2023 年共收到论文评审意见 9030 份，其中评价结果为"须作重大修改后重新送审"和"不同意答辩"的差评意见共 352 份，占比 3.9%。在执行院内督导前，2018 年至 2020 年合计共收到评审意见 3752 份，差评意见 151 份，占比 4.02%。在执行院内督导后，2021 年至 2023 年博士学位论文共收到评审意见 5278 份，差评意见 201 份，占比 3.81%，与之前相比有明显下降。

表 2 博士学位论文双盲评审的总体情况

年度	评审结果（份）	差评（份）	差评率
2018 年	1255	44	3.51%
2019 年	1075	43	4.00%
2020 年	1422	64	4.50%
合计	3752	151	4.02%
2021 年	1601	61	3.81%
2022 年	1940	73	3.76%
2023 年	1737	67	3.86%
合计	5278	201	3.81%

续表2

年度	评审结果（份）	差评（份）	差评率
总计	9030	352	3.90%

（二）督导制度执行前后博士学位论文的通过情况

如表3所示，2018年至2023年共1676篇博士学位论文接受双盲评审，共送审1818次。其中，1588篇博士学位论文在首次送审时一次性通过，122篇论文在重新送审后通过。总的通过率为94.21%，一次性通过率为94.75%。

比较博士学位论文双盲评审的通过情况，可以发现总通过率由执行院内督导前的92.45%提高到95.47%。首次送审时一次性通过双盲评审的情况，由93.05%提高到96.03%，重新送审的通过率提高更为明显，由80.56%提高到90.29%。

表3 博士学位论文双盲评审的通过情况

年度	送审合计 送审论文（篇）	送审合计 通过（篇）	送审合计 通过率	首次送审 送审论文（篇）	首次送审 通过（篇）	首次送审 通过率	重新送审 送审论文（篇）	重新送审 通过（篇）	重新送审 通过率
2018年	254	218	85.83%	249	214	85.94%	5	4	80.00%
2019年	213	199	93.43%	203	191	94.09%	10	8	80.00%
2020年	288	263	91.32%	267	246	92.13%	21	17	80.95%
合计	755	680	90.07%	719	651	90.54%	36	29	80.56%
2021年	321	302	94.08%	288	276	95.83%	33	26	78.79%
2022年	393	371	94.40%	354	335	94.63%	39	36	92.31%
2023年	346	336	97.11%	315	307	97.46%	31	29	93.55%
合计	1060	1009	95.19%	957	918	95.92%	103	91	88.35%
总计	1815	1689	93.06%	1676	1569	93.62%	139	120	86.33%

（三）督导制度执行前后优秀论文情况

为进一步提高学位论文质量，学院对 5 份论文盲评结果均高于 85 分的论文表彰为"5A 论文"。2018 年至 2023 年共有 118 篇 5A 论文，占比 7.04%。2018 年至 2021 年共有 45 篇 5A 论文，占比 6.26%。执行院内督导后，2021 年至 2023 年共有 73 篇 5A 论文，占比 7.63%。执行院内督导前后 5A 论文数量无统计学差异（表 4）。

表 4 "5A 论文"情况

年度	送审论文	5A 论文	5A 论文率
2018 年	249	27	10.84%
2019 年	203	11	5.42%
2020 年	267	7	2.62%
合计	**719**	**45**	**6.26%**
2021 年	288	30	10.42%
2022 年	354	21	5.93%
2023 年	315	22	6.98%
合计	**957**	**73**	**7.63%**
总计	1676	118	7.04%

四、讨论

四川大学华西临床医学院 2021 年建立"导师－科室－督导专家－学院"四级督导构建的论文质量控制体系，落实研究生导师作为研究生培养第一责任人的职责，充分发挥学科督导专家的作用，切实指导博士研究生完成学位论文修改，提升博士学位论文质量。自实施院内督导制度以来，与之前相比，博士学位论文质量有明显提升，主要表现为差评率下降、一次性通过率明显增加、5A 论文比例均有所提升。

学位论文撰写是研究生培养的关键环节，学位论文质量是研究生培养质量直接体现。《关于深化研究生教育改革的意见》明确指出，统筹构建质量保障体系是深化研究生教育改革的两个重要着力点之一。建立长效质量保障体系，是促进研究生教育质量提高的有效途径（韩国防，陈智栋，赵希岳等，2010）。研究生教育应严把"过程关"，抓住课程学习、实习实践、学位论文开题、中期考核、论文评阅和答辩、学位评定等关键环节，落实全过程管理责任，加强研究生教育质量监督（刘丹，2023）。我院以人才培养为核心，重视质量文化建设，不断增强广大师生的质量意识，积极建设学位与研究生教育质量保证和监督体系，落实研究生全过程培养质量管理。

2020 年 9 月 25 日国务院学位委员会、教育部发布《关于进一步严格规范学术与研究生教育质量管理的若干意见》，提出要利用信息化手段加强对研究生招生、培养和学位授予等关键环节管理，要从严抓培养全过程监控与质量保证，加强学位论文和学位授予管理，强化指导教师质量管控责任等着手。

学院为保障院内督导的顺利实施，建设了信息化平台"博士学位论文督导评审系统"，依靠信息化的手段，将博士学位论文评审结果及处理意见及时地传达到学科、课题组、导师及博士研究生本人，并督促指导博士研究生修改论文，大大提升了院内督导的效率，取得了明显成效。

研究生学位论文质量管理体系建设是研究生教育的重要研究内容，坚守学位论文质量生命线，还需要不断深化改革培养机制，加强建设质量保障体系。我们将进一步严格规范学位论文质量管理，增强导师和研究生的质量意识，切实增强培养高层次人才的能力。

参考文献：

陈志永，林高用，王德志，等. 研究生学位论文质量保障体系的构建与改进——以中南大学材料科学与工程学院为例［J］. 创新与创业教育，2023；14（3）：117-22.

高坤华，刘铭，陈亚滨. 学位论文评审及答辩方式改革的探索与实践［J］. 学位与研究生教育，2007（2）：3.

郭广生，乌小花. 构建高质量研究生教育体系 全面提升人才自主培养质量——中央民族大学研究生教育的理念与实践［J］. 学位与研究生教育，2023（11）：1-8.

韩国防，陈智栋，赵希岳，等. 构建过程管理质量监控体系 确保研究生培养质量［J］. 当代教育科学. 2010（3）：3.

刘丹. 以全过程管理为核心的研究生培养质量保障体系构建［J］. 科教导刊，2023（9）：63-5.

熊伶俐，李早元，杨世菁. "双一流"研究生学位论文质量监控体系的构建——以西南石油大学为例［J］. 教育教学论坛. 2023（2）：6-11.

王芬，沈可. 关于提高研究生学位论文质量问题的探讨［J］. 教育教学论坛，2013（46）：2.

王则温，赵张耀. 关于博士学位论文评审有关问题的探讨［J］. 学位与研究生教育，2009（3）：5.

我国西部一流大学研究生教育与核心区域经济协调发展的演化分析

邱庆庆

（四川大学研究生院　四川成都　610064）

摘　要：鉴于新冠病毒疫情期间数据的波动较大，为兼顾数据连续性，本文选择我国西部地区一流大学建设高校所在省份2015—2019年（疫情前）的面板数据，利用协调度模型，从时空两个维度分析了西部一流大学研究生教育与核心区域经济的协调发展。结果表明，我国西部地区一流大学建设高校所在省份的研究生教育与经济发展指数总体呈上升的良好态势，但各省份之间差异明显；核心区域联合后的研究生教育与经济发展水平通过互补，可以实现协调性的增长；核心区域联合后的研究生教育与经济发展水平呈现协调性增长率下降趋势。成渝双城共建政产学研联合培养平台，对成渝地区相关高校和企业的教育、科技、人才融合发展起到带动作用，能促进研究生教育与地区经济的协调发展。

关键词：研究生教育；区域经济；协调发展；政产学研；联合培养

---

* 本文获四川省学位与研究生教育学会研究课题（编号：2023ZD05）和四川大学研究生教育教学改革研究项目（编号：GSSCU2023128）资助。

一、前言

中国西部地区包括 12 个省市及自治区,即西南五省区市(四川、云南、贵州、西藏、重庆)、西北五省区(陕西、甘肃、青海、新疆、宁夏)和内蒙古、广西。总面积约 686 万平方公里,约占全国总面积的 72%。2019 年,西部地区生产总值 205 185 亿元,占全国生产总值的 20.71%;一流大学 9 所,占全国一流大学的 21.43%;研究生毕业生规模 131 218 人,占全国研究生毕业生人数的 20.51%。可见,西部地区的研究生教育和经济发展都还有很大上升空间。

高等教育是推动经济社会发展的重要力量。"中国学位与研究生教育现状"课题调研组(2012)经过大量调研,指出研究生教育应该与当地的社会发展、经济发展和产业布局等高度契合,才能真正成为区域经济和社会发展的支撑。还有学者认为高等教育能为经济增长提供发展的内在动力和增长源(杨泽军,2010),区域创新需要依托区域内的主导产业集群以及各类教育和科研机构合作,共同推进(Asheim, Isaksen, 2002)。我国经济发展重心西向转移的态势更加明晰,研究西部地区研究生教育与经济的协调发展演化情况,可以为建设西部地区政产学研合作发展平台提供数据支撑。

二、综合评价指标体系构建

目前已有的关于衡量研究生教育与区域经济发展协调度的文献中,对研究生教育水平选取的指标一般包括办学规模、培养质量、科研成果三方面,具体评价指标包括学位点数量和质量、招生人数、毕业/授位人数、在校生人数、研究生师生比、学术成果产出数等,即有办法吸引好的生源、有资源培养研究生、有能力产出高质量的研究生，因此本研究从过程管理视角对研究生教育进行评价，选取各环节的质量指标——招生质量、培养质量、毕业生质量作为评价研究生教育水平的指标。

"中国学位与研究生教育现状"课题调研组调研时指出：与一省经济社会发展相联系的并非研究生教育，而是各地就业人群中接受过研究生教育的人才，他们会遵循市场供求规律，在不同地区选择具有高报酬率（包括直接和间接）的工作（高建华，2010）。一个地区研究生教育发展水平再高，若其培养出的研究生不能在本地获得令其满意的工作，就极有可能发生迁移就业，造成人才的流失。有学者指出，研究生人力资本的空间流动，无法确保培养的研究生服务于本省区经济增长，一定程度上掣肘了生源地的研究生教育投入，加剧了该地区财政困难（方超，罗英姿，2017）。因此，本研究将研究生人才的流动作为连接研究生教育与区域经济的最直接要素：研究生的生源质量反映了高校研究生教育的吸引力，而研究生作为流入经济市场人才的人力资本保留率则反映了一个地区经济对人才的吸引力（图1）。

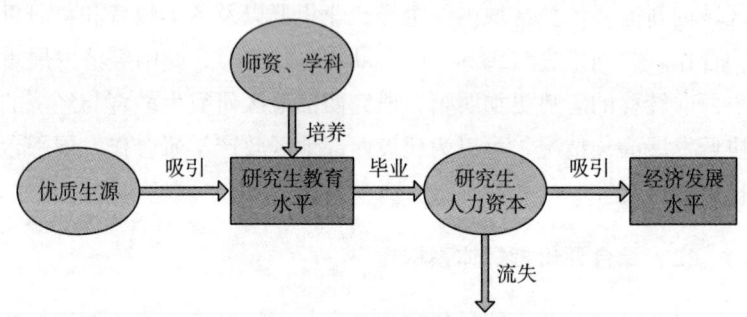

图1 研究生教育与地区经济对人才的吸引力

本研究设计的评价层指标中涵盖了研究生教育的三个基本要素——学生、导师和学科的各方面具体指标。与质量相关的指标包括报考规模、生源分布、录取分数、"双一流"高校生源占比、推免生占比、实际录取率、招生完成率、专业对口率、在校生规模、毕业生规模、就业率、国内外升学率等，与导师相关的指标包括研究生导师规模、导生比等，与学科建设质量相关的指标包括硕/博士授位点数、A/B类学科数等。

对经济发展水平选取的指标一般是经济规模、经济结构、经济质量三方面。本研究中衡量地区经济发展水平的指标选取除了目前文献中公认的经济结构和经济质量指标，还选取了经济高质量发展潜力指标，以此来反映高技术和人才对经济的支撑力度。

对上述各项指标进行整理，得到研究生教育与地区经济发展协调度评价指标体系（表1）。

表 1 研究生教育与地区经济发展协调度评价指标体系

研究生教育子系统					区域经济子系统		
功能层指标	评价层指标	综合权重	功能层指标	评价层指标	综合权重		
招生质量	报录比	0.0437	经济结构	第二产业额度	0.0852		
招生质量	录取分数	0.0146	经济结构	第三产业额度	0.3032		
招生质量	招生点数	0.0728					
培养质量	A 类学科数	0.3606	经济质量	地区 GDP 总量	0.0849		
培养质量	B 类学科数	0.2163	经济质量	地区人均 GDP	0.2559		
培养质量	导生比	0.0721	经济质量	居民人均可支配收入	0.0283		
毕业生质量	毕业生规模	0.1222	经济高质量发展潜力	科技经费支出占地方财政比重	0.1415		
毕业生质量	就业率	0.0244	经济高质量发展潜力	研究生人力资本保留率	0.1010		
毕业生质量	国内外升学率	0.0733					

三、协调发展演化分析

（一）模型构建

本文借鉴王子晨等的协调度评价模型，对我国西部地区一流大学建设高校所在省份研究生教育与核心区域经济的协调发展情况进行测度：

$$C = \left\{ \frac{B(x) - I(y)}{\left[\frac{B(x) + I(y)}{2}\right]^2} \right\}^K \quad (1)$$

$$C_D = \sqrt{C \cdot [\alpha E(x) + \beta I(y)]} \quad (2)$$

其中 C 为协调度（0≤C≤1），K 为调节系数（K≥2），$E(x)$，$I(y)$ 分别表示研究生教育与区域经济发展水平，C_D 为综合协调度，α 和 β 为待定系数（α+β=1）。

（二）数据处理

本文选取我国西部拥有一流大学建设高校的省份作为比较研究对象，数据来源于各省份 2016—2020 年的统计年鉴、各高校 2015—2019 年的研究生招生信息、毕业生就业质量报告、全国第四轮学科评估结果。鉴于各指标对系统的指向和计量单位都不同，本文采用直线型无量纲化方法对各指标原始数据进行标准化处理，使各变量取值范围介于 0~1 之间，消除了不同量纲的影响。为了综合考虑赋值过程中的主客观因素，根据已构建的评价指标体系，采用层次分析法对评价层指标赋权，采用熵值法确定功能层指标权重，各项指标综合权重为功能层指标权重与评价层指标权重的乘积（综合权重见表1）。

基于上述赋值方法，利用 Matlab 可以得出各项指标的综合权重，令协调度公式中 $K=2$，$\alpha = \beta = 0.5$，带入标准化后的各项指标数据，最终得到西部一流大学建设高校所在省份研究生教育与区域经济发展协调度得分，测算结果见表2。

表 2 西部一流大学建设高校所在省份研究生教育与区域经济发展协调度得分

年份 省份	2015 E(x)	2015 I(y)	2015 C_D	2016 E(x)	2016 I(y)	2016 C_D	2017 E(x)	2017 I(y)	2017 C_D	2018 E(x)	2018 I(y)	2018 C_D	2019 E(x)	2019 I(y)	2019 C_D
四川	0.2812	0.1704	0.4466	0.2829	0.1799	0.4572	0.2831	0.1970	0.4742	0.2827	0.2221	0.4952	0.2734	0.2426	0.5061
重庆	0.1640	0.1452	0.3917	0.1644	0.1600	0.4026	0.1656	0.1710	0.4101	0.1647	0.1834	0.4160	0.1649	0.1951	0.4213
陕西	0.2926	0.1314	0.3940	0.2988	0.1340	0.3977	0.2951	0.1399	0.4070	0.2987	0.1472	0.4177	0.2948	0.1513	0.4234
甘肃	0.1481	0.0798	0.3072	0.1499	0.0785	0.3050	0.1502	0.0799	0.3075	0.1516	0.0829	0.3131	0.1512	0.0871	0.3202
云南	0.1247	0.1365	0.3607	0.1212	0.1409	0.3599	0.1276	0.1505	0.3704	0.1294	0.1578	0.3752	0.1287	0.1661	0.3778
新疆	0.0864	0.1407	0.3177	0.0865	0.1371	0.3172	0.0864	0.1421	0.3179	0.0864	0.1498	0.3189	0.0865	0.1529	0.3193

（三）结果分析

1. 区域协调度分析

由图2可见，2015—2019年，我国西部一流大学建设高校所在省份的研究生教育与经济发展的协调度总体呈缓慢上升态势，可划分为三个梯队：四川协调度在0.45以上，处于第一梯队，重庆、陕西和云南的协调度在0.35~0.45之间，处于第二梯队，甘肃和新疆协调度在0.35以下，处于第三梯队。

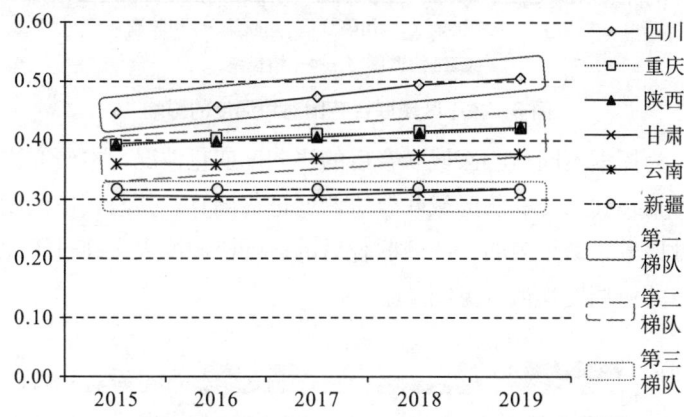

图2 西部地区研究生教育与经济发展协调度发展趋势及梯队划分

2. 核心区域联合协调度分析

以2019年为例，核心区域联合范围越大，区域研究生教育发展水平与经济发展水平的协调度越高，但协调率的增长幅度下降（见图3）。川渝两核心区域联合后协调度增长了9.54%，川陕渝三核心区域联合后协调度增长了8.42%。可见，较小范围内的核心区域联合协调度增长更明显。

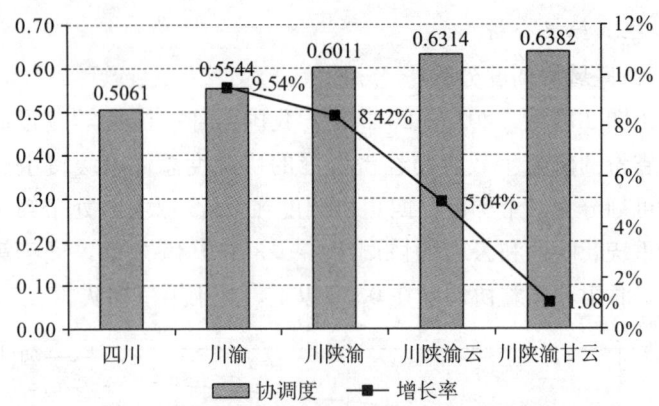

图 3 核心区域联合范围对协调度的影响

为探索不同核心区域联合后的协调度变化情况，本研究进一步对第一和第二梯队区域联合协调度进行测算，并与其协调度均值做比较，结果表明，区域联合后的联合协调度大大超过了几个区域的协调度均值（见图 4）。

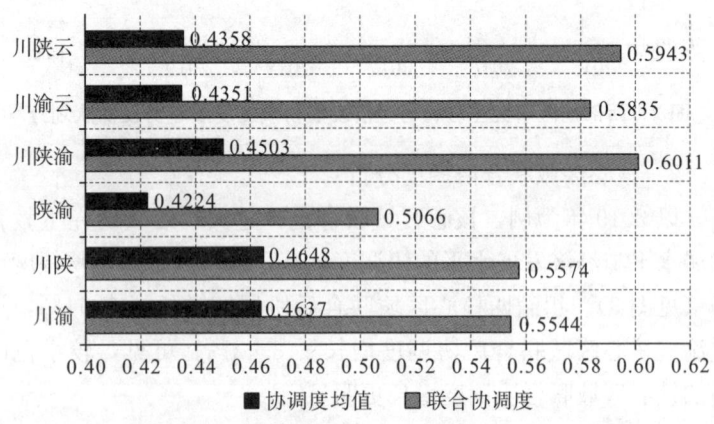

图 4 核心区域联合后的协调度增长情况

两核心区域联合中，川陕与川渝联合协调度几乎持平。四川省和陕西省分别是我国西南地区和西北地区经济总量最大的省份，同处于"一带一路"、西部大开发等区域发展政策的交汇地，有学者认为，川陕两地具有深入合作的历史基因和现实基础，两地联合对推进西部地区南北协同合作具有样板意义（李后强，石明，李海龙，2019）。而川渝两地地理位置相邻、交通顺畅，具有良好的合作条件。2020年1月，党中央对成渝地区的发展进行了重新定位，由成渝城市群转变为成渝地区双城经济圈。成渝地区高等教育协同发展，着眼于两地人力资本的增量问题，是对成渝双城经济圈建设这一国家发展战略的有力支撑。

三核心区域联合中，川陕渝联合协调度最高，达到0.6，三核心区域联合发展的关键在于发挥各个城市的优势，形成研究生教育和产业统筹融合、良性互动的格局，提高研究生教育对产业转型升级的贡献。

四、结论与政策建议

（一）主要结论

第一，我国西部地区一流大学建设高校所在省份的教育与经济发展指数总体呈上升的良好态势，但各省份之间差异明显。

第二，核心区域联合后的研究生教育与经济发展水平通过互补，可以实现协调性的增长，但核心区域联合后的研究生教育与经济发展水平呈现协调性增长率下降趋势，这表明联合协调度的变化也遵循边际效益递减规律，提高协调发展水平不能靠"摊大饼"的方式，产业的布局要从顶层设计做起，通过建设科教融合最大限度地实现研究生教育资源共享，从而带动地区经济社会发展。

（二）政策建议

第一，通过核心区域联合互动，建设跨区域高等教育协同发展领导机构，加强研究生教育资源共享。核心区域联合有利于促进跨区域高校之间的共享互动，但要建立稳定的合作关系，还需要组建具有"权威性"和"权力性"的领导机构，一方面建立和完善跨区域高等教育合作与交流机制，加强校际研究生教育资源共享；另一方面管理和督促跨区域高等教育协同发展规划及项目的实施，为区域经济发展储备研究生人力资本。

第二，通过核心区域联合互动，建设跨区域产学研合作平台，提高研究生人力资本向生产水平转化的能力。核心区域联合发展应基于产业布局，结合区域研究生教育的优势学科，在地理位置相近和文化背景相似的区域之间建立联盟，不断提高经济向科研和人才培养的投入能力，提升研究生教育成果向经济效益的转化能力，才可能实现研究生教育与核心区域经济之间的良性互动，进而向整个西部地区辐射。

参考文献：

方超，罗英姿. 研究生教育对我国经济增长的影响研究——兼论研究生人力资本的空间流动性［J］. 高等教育研究，2017，32（2）：52—60.

高建华. 区域公共管理视域下的整体性治理——跨界治理的一个分析框架［J］. 中国行政管理，2010（11）：77—81.

李后强，石明，李海龙. 跨越秦岭的川陕合作战略研究［J］. 中国西部，2019，6：12—20.

杨泽军. 成渝经济区高等教育发展探讨［J］. 四川教育学院学报，2010（4）：30—32.

"中国学位与研究生教育现状"课题调研组. 中国学位与研究生教育发展报告（2011）［M］. 北京：清华大学出版社，2012.

ASHEIM B T, ISAKSEN A. Regional innovation systems: The integration of local "sticky" and global "ubiquitous" knowledge［J］. Journal of Technology Transfer，2002，27（1）：77—86.

中国西部高校世界一流大学建设情况及路径[*]

杨晓龙　刘文红

（四川大学发展规划处　四川成都　610065）

摘　要：在第二轮"双一流"建设中，教育部要求各建设高校立足新发展阶段、贯彻新发展理念、服务构建新发展格局，着力解决服务国家战略需求不够精准、高层次创新人才供给能力不足等问题。本轮建设周期已经过半，西部高校建成世界一流大学将对中国建设教育强国、人才强国、科技强国起到重要作用。本文将重点针对第一轮"双一流"建设A类高校中的西部高校，分析西部高校建设世界一流大学面临的问题等，为西部高校探索建设世界一流大学的路径提供参考。

关键词："双一流"建设；世界一流大学；西部高校

2017年9月，国家公布第一轮"双一流"建设高校与学科名单，四川大学、电子科技大学、重庆大学、西安交通大学、西北工业大学、兰州大学6所西部高校入选"双一流"建设A类高校，是中国西部高校"双一流"建设的排头兵。2022年1月，教育部、

---

[*] 本文获2023年四川大学党政服务管理项目"双一流"建设成效评价的导向功能研究（批注号2023DZYJ-16）支持。

财政部、国家发展改革委发布《关于深入推进世界一流大学和一流学科建设的若干意见》（简称《意见》），指出"双一流"建设实施以来，各项工作有力推进，改革发展成效显著，推动高等教育强国建设迈上新的历史起点。2022年2月，国家公布第二轮"双一流"建设高校与学科名单，宣告第二轮"双一流"建设正式启动。

一、国家对"双一流"建设提出新要求

《意见》明确指出，第二轮"双一流"高校需要重点解决"服务国家战略需求不够精准"的问题。二十大报告指出，教育、科技、人才是全面建设社会主义现代化国家的基础性、战略性支撑，并对"双一流"建设提出明确要求，要加强基础学科、新兴学科、交叉学科建设，加快建设中国特色、世界一流的大学和优势学科。如何服务建设"教育、科技、人才"的基础性、战略性支撑，如何准确把握新发展阶段的战略定位，把握国家战略需求在哪里、国家对"双一流"建设的要求在哪里，是高校必须首先关注的问题。

（一）要强化立德树人，突出人才培养的核心地位，打造一流拔尖人才

人才培养是大学最核心的功能，能否培养出引领各行各业的全球精英是衡量其是否是世界一流大学的标准之一。就现阶段我国高校的人才培养而言，坚持为党育人、为国育才，坚持三全育人、五育并举，为国家关键急需领域培养德才兼备、能堪民族复兴大任的一流拔尖人才是人才培养的重要目标。

（二）要重点着力服务国家急需领域

实现高水平科技自立自强，解决"卡脖子"技术难题，在关键领域快速实现高水平科技自立自强是当务之急。目前国家急需领域主要有以下三个。

第一，基础学科，主要是数学、物理学、化学、生物学等理科学科。加强基础研究，是实现高水平科技自立自强的迫切要求，是建设世界科技强国的必由之路。基础学科从 0 到 1 原始创新是人类科技突破的源头，中国基础学科若能产出一系列重大原创成果，取得重要跨越，不仅有利于我国突破科技封锁，更能让我们有机会逆转形势，甚至反过来制约对方。

第二，"卡脖子"核心技术领域，包括高端芯片、集成电路、关键软件、人工智能、高端装备、生物育种等领域。这些领域是我国"卡脖子"的关键领域，这些领域的突破将大大减少我国发展受到的制约。

第三，影响国际话语权的哲学社会科学领域，如国际法、金融、国际新闻传播、考古等领域，这些领域是牢牢把握国际话语权、实施意识形态入侵的重要武器，也是我们需要重点突破的领域。

总之，要建设"中国特色、世界一流"的大学，必须在国家真正急需的领域培养人才、产出成果，解决实际问题，服务国家战略需求。

二、西部高校世界一流大学建设情况

本文选取四川大学、电子科技大学、重庆大学、西安交通大学、西北工业大学、兰州大学 6 所西部地区第一轮"双一流"建设 A 类高校作为对象，复旦大学、上海交通大学、南京大学、浙江大学 4 所东部沿海地区第一轮"双一流"建设 A 类高校作为对标，获取各项可比指标进行对比，分析目前西部高校建设世界一流大学的相关情况。

（一）主要国际大学排行榜指标分析

1. QS 世界大学排名（QS World University Rankings）

QS 世界大学排名是由英国教育组织发布的年度世界大学排

名，是目前国际上较具有公信力和代表性的四大排名体系之一。QS世界大学排名根据6个指标衡量世界大学，这6个指标和权重如下：学术领域的同行评价，占40%；全球雇主评价，占10%；单位教职的论文引用数，占20%；教师/学生比例，占20%；国际学生比例，占5%；国际教师比例，占5%。6所西部高校和4所东部对标高校的最新QS得分排名如表1所示。

表1 10所高校2022年QS世界大学排名情况

序号	学校名称	国际排名	总分	学术声誉	雇主声誉	师生比	国际教师	留学生	人均论文引用
1	复旦大学	34	81.5	83.6	93.5	89.3	89.3	38.7	70.4
2	浙江大学	42	79.3	72.2	95.3	78.7	99.1	42.5	88.4
3	上海交通大学	46	77.4	82.7	90.2	57.7	40.9	38.4	97.1
4	南京大学	133	53.9	57.7	17.7	32.3	54	8.2	96.1
5	西安交通大学	302	35.1	21.8	50.7	22.2	6.7	4.3	80.7
6	四川大学	406	28	18.2	4	14.6	5.9	5.8	83.5
7	西北工业大学	551-560		4.7	1.8	50.1	13.1	4.4	45.1
8	电子科技大学	561-570		3.7	2.3	9.4	3.7	2.9	89
9	重庆大学	651-700		6.9	3	15.6	9.1	2.2	56.9
10	兰州大学	751-800		7.3	1.7	24.7	2.7	1.7	35.3

* 数据来源：青塔

由表1可以看到，整体来看，4所东部对标高校明显领先于6所西部高校；从具体指标来看，声誉指标、国际化指标是西部高校与东部高校差距最明显的指标。

2. 软科世界大学学术排名（ARWU）

2003年由上海交通大学首次发布，目前也成为全球公信力较高的排名体系。ARWU同样使用6个客观指标对全球大学进行排名，包括获得诺贝尔奖和菲尔兹奖的校友和员工人数、科睿唯安高被引学者人数、Nature和Science论文数量、国际论文以及师均表现。6所西部高校和4所东部对标高校的最新ARWU得分排名如表2所示。

表2 10所高校2022年软科世界大学学术排名情况

序号	学校名称	世界排名	总得分	校友获奖	教师获奖	高被引学者	N&S论文	国际论文	师均表现
1	浙江大学	36	34.7	0	0	36.8	30	90.5	25.1
2	上海交通大学	54	32	0	0	27.3	25.3	90.7	26.2
3	复旦大学	67	30	0	0	30.6	28.4	74.8	25.4
4	南京大学	101—150		0	0	25.6	18.4	61.6	23.7
5	四川大学	101—150		0	0	23.7	10.6	73.9	20.3
6	西安交通大学	101—150		0	0	18.1	15.5	70.8	19.6
7	西北工业大学	151—200		0	0	27.3	10	52.6	19.2
8	电子科技大学	151—200		0	0	29	9	50.6	20
9	重庆大学	201—300		0	0	13.7	4.3	53.7	16
10	兰州大学	301—400		0	0	13.7	9.3	45.1	16.2

* 数据来源：青塔

由表 2 可见，西部高校对比东部高校在国际论文和 Nature、Science 高水平论文数量方面差距明显。

（二）服务国家战略和凸显国际影响力的重要标志性成果数分析

考察 6 所西部高校和 4 所东部高校近年来在获得国家科技奖（自然科学奖二等奖及以上、国家科技进步奖和国家技术发明奖一等奖及以上）情况（见表 3），牵头 1000 万元以上的重大项目情况（见表 4），以及在 Nature、Science、Cell（CNS）发文情况（见表 5），分析几所高校服务国家重大急需的能力。

表 3　10 所高校 2018—2020 年牵头获得国家级奖项情况

序号	学校名称	总数	国家自然科学奖二等及以上	国家科技进步奖一等及以上	国家技术发明奖一等及以上
1	上海交通大学	7	6	1	0
2	复旦大学	6	6	0	0
3	四川大学	4	4	0	0
4	浙江大学	4	2	2	0
5	兰州大学	2	2	0	0
6	南京大学	2	1	1	0
7	西安交通大学	1	1	0	0
8	重庆大学	1	0	1	0
9	西北工业大学	0	0	0	0
10	电子科技大学	0	0	0	0

* 数据来源：青塔

表 4　10 所高校 2019—2021 年牵头的 1000 万元以上重大项目情况

序号	单位	数量合计
1	浙江大学	9
2	上海交通大学	9

续表4

序号	单位	数量合计
3	复旦大学	7
4	四川大学	5
5	南京大学	5
6	西安交通大学	3
7	重庆大学	2
8	电子科技大学	2
9	西北工业大学	1
10	兰州大学	1

* 数据来源：青塔

表5　10所高校2016—2022年CNS论文发表情况

序号	学校名称	总数	Nature	Science	Cell
1	浙江大学	50	18	25	7
2	复旦大学	47	23	17	7
3	上海交通大学	30	14	10	6
4	南京大学	22	15	6	1
5	西安交通大学	11	4	7	0
6	四川大学	6	3	2	1
7	电子科技大学	6	4	2	0
8	西北工业大学	3	0	3	0
9	兰州大学	2	0	2	0
10	重庆大学	0	0	0	0

* 数据来源：校友会

综合上述数据可以发现，6所西部高校对比4所东部高校在各项标志性成果上总体差距明显，服务国家战略的能力有待进一步提升。

三、西部高校建设世界一流大学面临的问题

分析以上各项可比指标可以发现，对比东部沿海高校，西部高校各项指标处于明显劣势，西部高校建设世界一流大学面临很多问题。造成这些问题的原因，可概括为客观条件限制和主观能动性不足。

一是客观条件限制。西部地区经济社会发展水平相对靠后，国家布局的大科学装置少，因此西部高校对顶尖人才的汇聚能力不足。内陆地区"走出去"难度大，西部高校进行高水平的国际合作交流、提升国际声誉面临更多挑战。

二是主观能动性不足。相较东部高校，西部高校的思想更加保守，部分干部和教师存在安于现状等问题，缺乏追求世界一流的精气神。

四、西部高校建设世界一流大学的重要路径

西部高校建设世界一流大学面临许多困难与挑战，在国家对第二轮"双一流"建设提出更高要求，特别是西部高校战略地位愈发凸显的背景下，西部高校一定要充分认识问题，寻求解决办法，探索形成西部高校建设世界一流大学的特色道路，加快建成具有中国特色的世界一流大学，更好地服务国家建设教育强国、人才强国、科技强国。

（一）转变思想，提升信心

一些西部高校教师认为，学校地处西部，先天缺少建设世界一流大学的条件，于是主动"躺平"，丧失了追求世界一流的动力与信心。但是，放眼全球，有不少地处内陆的高校也可以建设世界一流大学，如德国慕尼黑工业大学、美国密歇根大学等。要

扭转"东部沿海都比不过更不用提建设世界一流"的错误观念，就要意识到随着中国综合国力的大幅提升和国家迈入教育强国的脚步加快，国内高校在全球的影响力也会随之提升，未来完全可能出现现在美国高校的情况，即在国内处于前20位左右的高校，在全球也可以进入前50位，可以达到世界一流水平。因此西部高校要转变思想，主动跨越到世界舞台上去展示、去竞争，相信自己完全有条件、有能力建设世界一流大学。

（二）发掘西部地区特有优势

很多人只发现了地处西部的劣势，但没有发掘其优势。可以考虑从以下方面发掘西部优势。

一是成本优势。西部地区的地价、房价、人工费用相对东部沿海更加低廉，在建设大型科研设施、建设各种生活服务配套设施、引进人才安居乐业等方面有较大成本优势。因此西部高校可以以成本优势为突破口，加快联合地方政府建设高水平科研平台、建设完善的生活配套设施和人才公寓等吸引高水平人才。

二是发掘西部地区特有的特色科研方向。西部地区地形地貌丰富，民族多样，气候特殊，可以结合学校自身优势，在历史考古方面、生物生态方面、民族人种方面、特殊环境资源方面、水利水电方面等建设特色方向。

三是充分对接"一带一路"，与沿路国家加强高水平国际合作。

（三）凝练优势特色，打造学科高峰

西部高校在现有资源有限的情况下，要坚持"有所为有所不为"的原则，集中优势资源重点突破，充分对接国家急需领域，结合学校优势特色，凝练学校重点发展的学科打造学科高峰，力争有学科率先进入世界一流，再以点带面，逐步促进其他学科水平全面提升。以美国卡内基梅隆大学为例，其计算机学科水平领先全球，带动其整个学校学术声誉、学术影响力大大提升。由此可见，高峰学科对学校整体实力提升作用巨大。

（四）主动服务国家重大需求

西部高校要有意识地主动对接国家重大需求。结合学校自身优势和西部地区特点，可以在军工国防、考古、文化多样性和民族融合等方面主动服务国家重大战略需求，为西部地区在国家急需的关键领域培养人才。

如何解决研究生课程和本科生课程同质性的问题

黄 云 张福会

(四川大学研究生院 四川成都 610000)

摘 要：本文通过问卷调查和比较研究的方法，对四川大学研究生课程和本科生课程同质性的问题进行研究，分析同质现象的成因，提出解决这一问题的。

关键词：研究生课程；本科生课程；同质性

研究生课程与本科生课程的同质性问题受到广泛关注。该问题主要体现为研究生教育内容与本科阶段教育内容重复。这无疑关系到研究生教育质量、培养模式的创新以及研究生教育体系的完善，且最终影响研究生的培养效率和培养质量。目前，国内针对研究生课程与本科生课程同质性问题的研究主要集中在以下三个方面。

第一，课程内容重复。国内许多研究聚焦研究生课程与本科生课程在内容上的重复情况，探讨这种重复对学生学习深度和广度的影响。研究指出，课程内容的重复不仅浪费教育资源，还可能影响研究生培养质量（白仁飞，张峻霞，2023）。

第二，课程缺乏系统性和层次性。有研究聚焦研究生课程体系的建构（陈克忠，2019），认为当前研究生课程体系未能很好地服务学科发展和满足学生个性化发展需求，并由此关注如何构建更具特色、更能满足研究生发展需求的课程体系,包括如何融合跨学科知识、提高课程的实践性和创新性,以及如何优化课程结构来避免同质性问题(白仁飞,张峻霞,2023)。

第三,教育质量与评价问题。有研究对研究生课程质量的评价机制进行分析(罗源,2022),探讨如何通过科学的评价体系提高教育质量,减少同质化问题。评价体系通常包括教学内容、教学方法、学习效果等多个维度(张苗,2021)。

本研究采用问卷调查、比较研究的方法。通过问卷调查,了解全校研究生对研究生课程和本科生课程同质性的看法和建议;通过比较研究,找出不同学科之间研究生课程与本科生课程的差异,挖掘同质性问题的根源。研究结果表明,我校研究生课程与本科生课程同质性问题涉及多个学科领域,虽然课程内容的重复并非普遍现象,但仍在一定程度上影响了研究生培养的效率和质量。

一、问卷调查

本次问卷调查依据实际情况,将研究生课程与本科生课程进行对比,问卷主要包括学生基本信息(学科、类别)、课程重复情况(是否重复、重复课程名称、重复程度)、研究生课程现状(课程内容、教学方式)、优秀课程/教师及建议等13个问题。其中第1~13题中,第11、12、13题为开放式填空题,第4题为矩阵文本题,其余为单选题。问卷基本情况见表1。

表1 问卷基本情况表

题号	问题	问题选项
1	你所在的学科门类?	□文科 □理科 □工科 □医科

续表1

题号	问题	问题选项
2	你的类别？	□科学学位硕士 □科学学位博士 □专业学位硕士 □专业学位博士
3	你修读的研究生课程是否存在与本科课程内容重复较多的情况？	□是　□否
4	如果前述情况存在，请分别列出这些研究生课程和本科生课程的名称：	（矩阵文本题）
5	这些课程与本科课程内容的重复度达到？	□0~49%　□50~69% □70~89%　□90%以上
6	你修读的研究生课程内容前沿性知识所占比重大概有多少？	□0~29%　□30~49% □50~69%　□70%以上
7	你修读的研究生课程是否注重研究方法传授？	□没有　□很少 □一般　□注重
8	任课老师是否安排了较多的课堂讨论？	□没有　□偶尔 □一般　□经常
9	任课老师是否对学生提出课外文献阅读要求？	□没有　□很少 □一般　□较多
10	你觉得研究生课程对自己的科研/实践创新能力提升是否有帮助？	□完全没用 □有一点用 □比较有用 □很有用
11	你修读过的最有用的研究生课程？	（填空）
12	你觉得研究生课程讲得最好的教师？	（填空）
13	你对研究生课程的建议？	（填空）

二、数据分析

共有 1324 名研究生填写了问卷,具体统计如下。

(1) 参与的研究生按照学科门类,文科占 37.31%,理科占 10.65%,工科占 30.14%,医科占 21.9%(见图 1)。

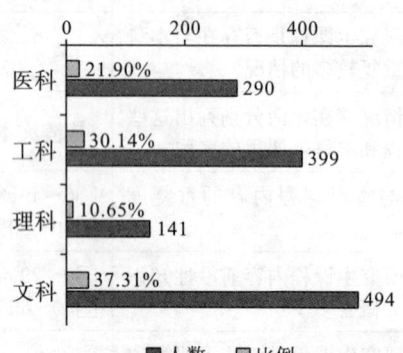

图 1 参与研究生的学科门类

(2) 参与的研究生按照学科类别,科学学位硕士占 45.09%,科学学位博士占 13.22%,专业学位硕士占 37.46%,专业学位博士占 4.23%(见图 2)。

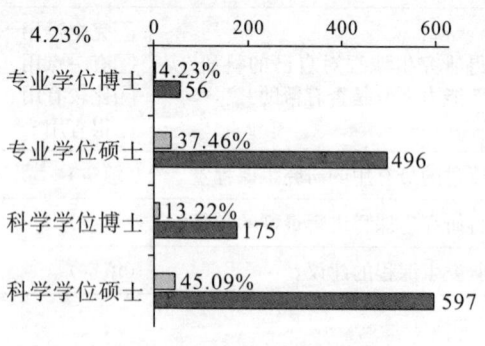

图 2 参与研究生的学科类别

（3）在"你修读的研究生课程是否存在与本科课程内容重复较多的情况？"这一问题上，6.65%的研究生认为研究生课程与本科课程内容重复较多，93.35%的研究生持否定态度（见图3）。

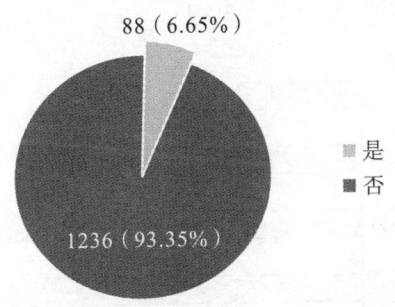

图3 研究生课程与本科课程内容重复情况

（4）上述88名认为存在课程重复的研究生中，有31.82%的认为课程重复率在30~49%之间，有28.41%认为课程重复率在50~69%之间，有17.05%认为课程重复率在70~89%之间，有13.64%认为课程重复率在90%以上，另有9.09%的研究生未做出选择（见图4）。

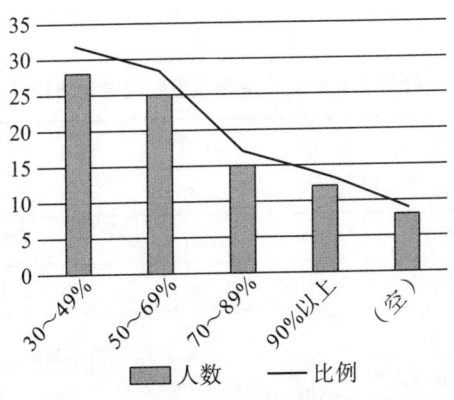

图4 研究生课程与本科课程内容重复率

(5) 针对所修读的研究生课程前沿性知识占比的问题，33.16%的研究生认为占比 10～29%、35.27%的研究生认为占比 30～49%，20.17%的研究生认为占比 50～69%，11.4%的研究生认为占比 70%及以上（见图 5）。

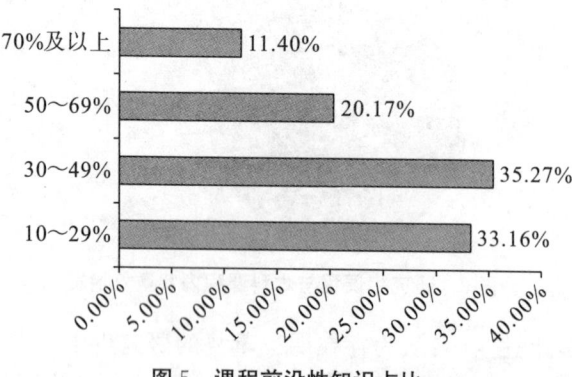

图 5　课程前沿性知识占比

(6) 针对修读的研究生课程是否注重研究方法传授的问题，4.38%的研究生认为"没有"，16.54%的研究生认为"很少"，41.92%的研究生认为"一般"，37.16%的研究生认为"注重"（见表 2）。

表 2　针对研究生课程是否注重研究方法传授的统计

选项	人数	比例
没有	58	4.38%
很少	219	16.54%
一般	555	41.92%
注重	492	37.16%
本题有效填写人次	1324	100%

(7) 针对任课老师是否安排了较多的课堂讨论的问题，

3.63%的研究生认为"没有",18.96%的研究生认为"偶尔",35.65%的研究生认为"一般",41.77%的研究生认为"经常"(见表3)。

表3　针对任课老师是否安排了较多的课堂讨论的统计

选项	人数	比例
没有	48	3.63%
偶尔	251	18.96%
一般	472	35.65%
经常	553	41.77%
本题有效填写人次	1324	100%

(8) 针对任课老师是否对学生提出课外文献阅读要求的问题,2.72%的研究生认为"没有",11.48%的研究生认为"很少",41.99%的研究生认为"一般",43.81%的研究生认为"较多"(见表4)。

表4　针对任课老师是否对学生提出课外文献阅读要求的统计

选项	人数	比例
没有	36	2.72%
很少	152	11.48%
一般	556	41.99%
较多	580	43.81%
本题有效填写人次	1324	100%

(9) 针对研究生课程对自己的科研/实践创新能力提升是否有帮助的问题,4.53%的研究生认为"完全没用",40.41%的研究生认为"有一点用",37.99%的研究生认为"比较有用",17.07%的研究生认为"很有用"(见表5)。

表5 针对研究生课程对自己的科研/实践创新能力提升是否有帮助的统计

选项	小计	比例
完全没用	60	4.53%
有一点用	535	40.41%
比较有用	503	37.99%
很有用	226	17.07%
本题有效填写人次	1324	100%

三、基于上文数据的分析

对上文数据的分析如下。

第一，课程内容的重复。绝大多数研究生（93.35%）认为他们修读的研究生课程与本科课程内容重复较少。然而，6.65%的研究生认为课程内容有较多的重复，这些课程的重复率在30%以上，其中重复90%以上的占13.64%。涉及课程重复的报告显示，重复率较高的课程分布在多个学院，这表明同质性问题涉及多个学科领域，虽然课程内容的重复并非普遍现象，但确实存在。

第二，课程内容的前沿性。大部分研究生（66.97%）认为研究生课程的内容前沿性知识占比在30%以上，其中11.4%的学研究生认为前沿性知识占比超过了70%。这表明研究生在很大程度上可以得到科学研究的新领域或尖端问题的学术培养。

第三，研究方法的传授。大多数研究生（80.08%）认为他们修读的课程注重研究方法的传授，其中认为"很注重"的比例为37.16%。

第四，课堂讨论与课外阅读。大多数研究生认为任课老师安排了较多的课堂讨论（77.42%），对研究生提出了较多的课外文献阅读要求（85.8%）。

第五，对科研/实践创新能力的提升。大部分研究生（55.06%）认为研究生课程对自己的科研/实践创新能力有一定的帮助。

四、建议

通过分析以上数据，本文提出以下建议。

第一，提升课程的前沿性，建立动态更新机制。鼓励教师将最新的科研成果和前沿技术引入课程，定期更新教学大纲，确保研究生教育紧跟学科发展的前沿。建立课程内容动态更新机制，根据学科发展动态和社会需求调整课程内容，确保课程内容的时效性和前瞻性。

第二，鼓励跨学科学习和研究，强化实践能力培养。通过开设跨学科课程、研究项目和讨论会，鼓励研究生打破专业边界，开阔知识视野，提高创新能力。研究生课程应更加侧重研究方法的训练、前沿知识的探讨和专业技能的深化。增设研究方法、数据分析、实验设计等方面的课程，提高研究生的实践操作能力和科研创新能力。

第三，加强师资队伍建设。加强对教师的培训，提高教师的教学能力和研究水平，特别是运用新技术、新方法进行教学的能力。鼓励教师采用案例教学、翻转课堂、项目驱动等教学方法，提高研究生的实践能力和研究能力，提倡师生互动和小组合作，培养研究生的批判性思维和解决问题的能力。鼓励教师丰富课堂互动，扩展阅读资源，通过案例分析、小组讨论等，激发研究生的思考。为研究生提供丰富的课外阅读材料，包括最新的研究文章、行业报告等，培养研究生自主学习的能力。

第四，建立课程评估和反馈机制。建立有效的课程评估和反馈机制，鼓励研究生、教师和相关行业专家参与课程内容的评估，及时调整课程内容。

第五，加强研究生的主体性意识。鼓励研究生参与课程建设，增强研究生主动学习的动力，提升研究生的创新能力和实践能力。

参考文献：

白仁飞，张峻霞．设计类课程特点与思政教学要求的同质性研究［J］．职业教育研究，2023（4）：87－91．

陈克忠．新建本科院校人才培养的同质性与异质性探究——以厦门理工学院为例［J］．集美大学学报（教育科学版），2019，20（3）：37－40＋55．

罗源．基于政策环境影响的高职院校课程同质化问题分析［J］．山西青年，2022（11）：26－28．

张苗．"思政课程"与"课程思政"的同质性和差异性研究［J］．辽宁师专学报（社会科学版），2021（1）：56－58．

产教融合创新网信方向研究生培养模式的探索与实践

余林星

(四川大学研究生院 四川成都 610000)

摘 要：网信事业的迅速发展为中国式现代化建设提供了有力支撑，也对专业人才的培养质量提出了新要求。产教融合的人才培养模式通过资源共享、信息互通和人才共育等方式，实现了教育与产业的协同发展，对网信专业的教育改革、人才培养质量，以及网信产业升级和国际竞争力提升都具有重要意义。当前对以产教融合创新网信专业人才培养模式的探索与实践，需要解决"制度匮乏、基础不稳、保障不牢"的根本性问题。需要通过构建"三位一体"的多主体协同育人的融合培养机制，探索"政产校企"的合作新路径。网信专业研究生的产教融合培育需在"政产学研用"多组团、新模态培养方案指导下，深化"教学＋应用"的产教融合实践，为促进我国网信事业更快、更好、更安全的发展贡献基础性力量。

关键词：产教融合；网信方向研究生；培养模式创新

全球经济一体化的加速和产业结构的持续升级转型对各行业人才的专业能力和创新能力提出更高的要求。网信（网络信息）领域作为国家经济发展的重要支柱，随着互联网、大数据、人工智能等技术的快速发展，国家对高层次、创新型人才的需求日益迫切。网信方向研究生的产教融合培养模式强调企业和院校的深度合作，通过资源共享、信息互通和人才共育等手段，实现教育与产业的协同发展。这一模式对推动教育改革、提升人才培养质量、促进产业升级以及增强国家竞争力都具有重要意义。

然而，当前网信方向研究生的产教融合模式在目标追求、支撑载体、长效机制等方面仍存在问题，影响了人才培养的质量和效果。这一方面是由于产教融合培养模式涉及多个主体，在培养计划实施过程中难以形成合力，另一方面是由于产教融合的平台和机制不够完善，导致学院教育与产业发展需求脱节。为应对这些问题与挑战，需深入分析产教融合的发展历程，明确网信方向研究生产教融合培养模式的内涵与特色，并针对实践中的人才培养的现实困境，从顶层设计、政策支持、资源配置和合作机制等多方面进行综合改革和优化，以促进产教融合模式的深化发展。

一、产教融合培养模式的发展历程

产教融合作为一种教育模式，是指学校教育教学过程与企业生产过程相对接，实现生产与教育的一体化的高层次人才培养模式（杨斌，2022）。这一培养模式起源于20世纪初的欧洲，尤其是在德国的"双元制"教育体系中得到了充分体现。这种模式强调学校与企业之间的紧密合作，通过理论与实践相结合的方式，培养具有实际工作能力的高素质人才。

在我国，产教融合的培养模式起步较晚，但发展迅速。自20世纪末以来，随着我国经济的快速发展、产业结构的不断升级，对高素质技术技能人才的需求日益增长，产教融合模式逐渐受到重视。2017年，党的十九大报告首次提出产教融合的理念，其核心在于促进产业与教育的紧密结合。同年12月，《国务院办公厅关于深化产教融合的若干意见》将产学结合视为推动经济社会一体化发展的关键举措,要求设立明确的目标规划,优化教育资源,强化关键产业在办学过程中的作用,实现产业对办学的深度介入,构建校企合作办学体系,推动教育产业的融合发展,建立以需求为导向的人才培养模式,从而从根本上促进职业教育的发展,并支持高等教育、产业改革以及经济发展的需要。2019年2月,国务院发布《国家职业教育改革实施方案》,强调了通过产教融合校企"双元"育人、构建多元化办学格局、完善技术技能人才激励和保障政策、加强职业教育办学质量监管和评价等,提升职业教育的现代化水平,为经济社会发展和国家竞争力的提升提供人才支持。同年4月发布的《建设产教融合型企业实施办法(试行)》指出,要重点培育国家急需产业领域的企业,鼓励企业以多种方式参与教育活动,并深入参与"引企入教"的改革。2019年9月发布的《国家产教融合建设试点实施方案》指出,要积极推动教育链、人才链与产业链、创新链的有机融合。经过五年左右的努力,全国范围内已经建立和培育了数千家产学结合型企业,形成了产学结合型企业体系和联合推广政策体系。2020年,产教融合型企业试点申报工作启动,截至12月,全国已经建立了800多家产学结合企业,并试点了21个产学结合城市,标志着产教融合的发展迈上了新的台阶(李芳威。2021)。一系列产教融合政策体现了我国对教育与产业紧密结合的高度重视,从顶层设计到实践指导都强调多元化的办学格局、以市场为导向的人才培养模式以及鼓励企业以多种方式参与教育活动,深入参与"引企入教"改革。

产教融合的人才培养模式将理论知识与实际应用相结合,将实际产业项目、案例研究、实习实训等融入教学过程,能够有效提升研究生的实践能力和技术应用能力。这些要求与网信专业人才培育在逻辑上和举措上一脉相承、相互衔接。产教融合机制在理论层面为网信方向研究生培育提供顶层设计理念与实践思路,在实践层面为网信方向研究生培育提供理论指引与实操经验（陈钟，2023）。网信方向研究生的培养之所以迫切需要产教融合模式的深入发展，是因为这种模式能够紧密跟随网信领域快速变化的步伐，将最新的技术发展趋势和行业需求融入教学和科研。通过搭建校企合作平台，研究生获得了丰富的实践机会，并在真实的产业环境中锻炼了专业技能，增强了解决实际问题的能力。同时，这种模式促进了学校与产业之间的深入交流与合作，有助于学校根据产业需求调整培养方案，确保培养出的人才能够满足市场的需要。此外，产教融合模式还能激发研究生的创新潜能，培养他们的创新思维和科研能力。在这一过程中，校企双方可以共享资源，如企业的先进设备、行业经验以及学校的科研平台、理论资源，实现优势互补。

二、网信方向研究生产教融合培养模式的现状与困境

网信方向研究生的研究领域包括网络安全、大数据分析、人工智能、云计算、物联网、区块链等。这些研究生通常在计算机科学、信息技术、通信工程、软件工程等相关学科下进行深造，以获得更深入的专业知识和技能（吴涵，2023）。在网信方向的研究生培养过程中，高校通常会提供理论教学和实验室实践相结合的课程模式，以培养学生的理论逻辑、技术能力和创新思维。学生不仅需要掌握扎实的计算机科学基础，还需要具备解决复杂网络安全和信息技术问题的能力。当前高校研究生阶段网络信息人才培养初具规模，积累了一定经验，培养了一批人才。

其中，四川大学与四川省互联网信息办公室（简称四川省网信办）办及地方政府合作，建立产教融合基地、国家网信安全重点实验室，并与其他高校合作建立了省级重点实验室和互联网产业学院。清华大学在产教融合方面也进行了深入的探索和创新，强化了产教融合育人机制，并鼓励行业产业和培养单

位建立产教融合育人联盟。同时，清华大学还与多家制造企业合作，共同探讨共建、共治、共享的模式。南京大学于2024年4月举办了研究生"产教融合"论坛，旨在深化产教融合培养模式改革，强化校企协同育人。他们通过论坛等方式加强学术学位和专业学位研究生的分类培养，推动研究生教育向更深层次改革。

各高校在网信方向研究生产教融合培养模式的探索与实践中积累了一定经验，培养了一批人才。但在服务国家战略、赋能新质生产力发展等方面仍然面临新的要求和挑战。从政府、企业、高校、市场需求和学生发展的多主体联动视角来看，当前的网信方向研究生产教融合培养模式仍然存在一定的不足，主要体现在以下三个方面。

在培养基础方面，网信专业相关学科的融合度不够紧密，各学科教育内涵挖掘程度不深，专项优势与综合能力无法有效且有机结合。网信专业人才是以信息科学为基础、以数字媒体技术为特色、以传播理论知识为辅助的综合性专业，需要培养"有创意、通传播、懂技术、精设计"的文理交叉复合型人才。当前网信方向的研究生教育在运用跨学科交叉方法和路径培养人才方面仍有不足，各专业之间的融合仍处于初级阶段。学科融合的教学体系与培养路径是网信人才产教融合培养模式的基础，更是集聚多学科交叉与优质师资吸引新闻学、法学、机械、计算机、公共管理等多个专业的研究生和优秀本科生的必要条件，解决培养基础问题，才能为网信部门保质保量、长期稳定地输送高质量人才。

在培养目标方面，网信产业与网信专业的融合程度有待提高，合作机制的创新性以及专业人才解决实际问题的能力不足，理论学习与实操能力无法有效衔接。当今社会是信息化加速的社会，信息时代的来临与社会变革的加速不断推动社会制度规范的更新、知识理论的更迭以及业界商业模式的创新。而高校研究生培养动态调整的速度难以与实际的发展完全匹配，仍相对注重书本理论学习，不注重实践业务能力的培养，导致研究生在业务实践方面存在一定的局限性。改革网信专业研究生偏重教学的培养模式，解决研究生在校学习与业界职业能力之间的有效衔接问题，促进两者的融合，培养懂理论、能实操的综合性人才，才能充分发挥信息化驱动社会发展的引领作用，赋能国家新质生产力的发展。

在培养保障方面，网信专业研究生产教融合的高质量保障体系不够健全，教学实践基地类型单一，政产研学用的融合程度不足。以往高校的教学实践基地建设更多是以自身拥有的资源为基础进行的，没有将创新型人才培养的需求和学生的发展需要放在中心，导致教学实践基地类型单一，多以学校实验基地为主，缺乏创新创业型的社会实践基地与实操性的产业实践基地，学生的创新型实践教育质量得不到保障。同时，专业导师能指导科研但不熟悉市场，这导致研究生参与实践项目、创新项目时无从下手，亟须引入业界力量参与学生的创新实践教育。从制度顶层设计到实践基地建设，保障网信专业研究生产教融合模式的创新与落地，必须加大力度深化产教融合，促进教育链、人才链与产业链、创新链的有机衔接，为实现网信事业的蓬勃发展提供重要支撑。

三、"三位一体"产教融合创新网信方向研究生培养模式的探索与实践

网信专业是一个多层次融合、多主体互动的跨组织系统。提升网信研究生培养体系的产教融合质量与深度，创新网信方向研究生产教融合培养模式的探索与实践，需要围绕产教融合制度和模式进行创新，促进教育链、人才链与产业链、创新链有机衔

接，打造集培养体系、知识体系、能力体系于一体、"学科建设－专业课程－实践基地"相结合的"政、企、校"合作新平台，探索高校网信人才创新培养新模式，为国家网信人才培养提供理念与实践范本。网信方向研究生产教融合的培养体系建构，具体可分为以下三个方面。

首先，以市场与政府需求为导向完善和修订网信方向研究生人才培养方案。在现有人才培养方案的基础上，融合跨学科理念，广泛吸纳新闻传播学、社会学、公共管理学、法学、计算机科学与技术等学科的专业知识，制定细分化人才培养方案，完善教材与课程建设体系，并构建联合培养项目、实践基地建设、产业导师制度结合的多层次的培养机制。以人才培养方案为导向，培养熟悉各类网络平台、信息门户、搜索引擎和办公软件，具有风险预警能力、调查研究能力、洞察判断能力、选题策划能力、文字表达能力，且具有丰富网信实践经历的新型网信研究生人才。

其次，以学科交叉、培养综合性人才为目标推进师资队伍建设与教学创新改革。以产学研联动为原则，探索产教融合多主体协同培养培养模式。加强多学科背景师资配备，加强不同院系、不同高校之间的师资流通与共享。通过与相关专业、兄弟院校、网信部门、网络舆情监测机构等的合作，打造多主体协同的育人机制。同时，深化教育教学改革创新，推进"互联网＋"思维在教学与育人过程中的全方位运用。借助互联网信息技术，依托慕课、SPOC等打造一批线上线下融合的核心课程群，努力建构小班化教学，建设新智慧课堂，推动网信研究生人才培养的教学创新。

最后，政、企、校协同打造网信方向研究生人才培养实践基地。与四川省网信办等相关部门合作打造网信方向研究生人才培养实践基地。在专业实践、科研合作、成果应用等方面广泛合作。其一，依托网信事业发展需求，开展专业学位研究生到岗专业实践合作；其二，共同对网信领域重大、前沿、新兴课题开展研究，就领域内前瞻性、战略性新问题、新情况等开展联合研判，推动网信领域研究创新和成果转化，服务与人才培养；其三，将基地建设成果运用于本地甚至全国网信人才培养的学科体系建设，服务国内网信战线人才培养。

深化产教融合的培育机制需要我们重新思考教学实践和应用实践有关"融通""新与旧""传统与现代""质量内涵"等关键问题，做好网信领域产学研综合型人才的培养目标设定、核心竞争力设定、方案方法设定。协同社会力量建立"校场共育、产学同步、岗位育人"的人才培养方案与实践基地，通过教改项目推动"政产校企"深度耦合的新探讨，强强联合，促使多主体使参与知识的挖掘、过滤、解释、关联和再演绎，在多维知识版图的游历中强化批判性、推测性、创意性思维和设计能力，优化教学和应用实践。

参考文献：

陈钟. 共建网信安全人才培养体系 [J]. 经济，2023（9）：28－31.

李芳威. 关于产教融合发展的国内外研究文献评述 [J]. 通化师范学院学报，2021，42（7）：122－126.

吴涵. 优化网信人才体制机制 构建科技攻坚人才雁阵 [J]. 国际人才交流，2023，(11)：12－13.

杨斌. 促产教深度融合 让"专业更专业" 加快建设中国特色、世界水平的卓越工程师培养体系 [J]. 学位与研究生教育，2022（9）：1－8.

新文科背景下国际中文教育专业硕士学位论文的改革实践
——以四川大学为例

朱姝[1]　刘力萍[2]

(1 四川大学文学与新闻学院　四川成都　610207；
2 四川文化产业职业学院　四川成都　610213)

摘　要：学位论文不仅是研究生学业成果最直接的展示依据，更是衡量高校人才培养效果的重要因素。然而，目前国际中文教育专业的硕士学位论文在不同程度上存在选题与专业相关度不高、理论与内容结合性不强、研究方法不够科学等问题。针对这些问题，四川大学积极探索创新之路，在开题、写作、送审和答辩等环节进行改革实践，加强从源头到过程再到出口的全面管理，切实提高学位论文质量。

关键词：新文科；国际中文教育；硕士学位论文；改革

2019 年，我国正式启动新工科、新医科、新农科、新文科的"四新"建设工程。其中，"新文科"建设是一项提升国家综

---

* 本文获四川大学"二十大精神引领下国际中文教育研究生人才培养实践与创新研究"（编号：SJYJ2023023）和"国际中文教育专业学位研究生实践教学体系改革与创新研究"（编号：GSSCU2023008）项目资助。

合国力与文化软实力、建设高等教育强国、构建中国特色文科人才培养体系的重要战略任务（王丹，2023），不仅是中国高等文科教育发展的风向标，也为包括国际中文教育在内的文科未来发展指明了方向。同年底，首届国际中文教育大会在长沙隆重召开。大会以"新时代国际中文教育的创新和发展"为主题，对新文科背景下进一步提升国际中文教育人才培养质量等问题进行了探讨和规划。

国际中文教育是为提高中文国际传播能力、改革和完善国际中文教育专门人才培养体系，由国务院学位委员会在原对外汉语教学、汉语国际教育等专业的基础上经过整合而专门设立的一种专业学位类型，旨在培养从事中文作为第二语言教学的高层次、应用型、复合型专门人才。未来如何进一步提升国际中文教育人才培养质量，是业界和学界普遍关注的问题，而学位论文作为专业能力培养的重要载体，一定程度上能成为解决这一问题的关键抓手。

一、学位论文是国际中文教育人才培养的必备要素

高水平的国际中文教育从业者离不开高质量的国际中文教育人才培养，学位论文的撰写不仅是人才培养过程的必备环节和要素，也是检验学生的学习能力、衡量其科研水平的重要依据。无论是国际中文教育教学指导委员会（简称"教指委"）制定的相关指导性意见和文件，还是各高校/培养单位具体的实施方案，亦或学生的个人培养计划，学位论文都是其中不可或缺的重要内容。古继宝等通过对196个专业学位研究生样本进行调查，指出学位论文训练对研究生的就业能力具有显著的正向影响，同时在导师的指导下，学位论文训练对研究生感知学位价值的正向影响更强（古继宝，何昌清，刘和福，2015）。可见，学位论文是研究生人才培养的重要环节，对提高研究生的学术科研能力与实践

教学能力都具有重要作用。

目前学界关于国际中文教育硕士学位论文的研究主要聚焦在选题（如选题的特点、影响因素等）、论文写作规范性、论文写作提升路径等方面（李宝贵，李辉，2023），且以中国学生的论文为主，兼有对外国留学生学位论文的分析。丰硕的研究成果足以证明，学位论文在国际中文教育专业硕士人才的培养过程中发挥着举足轻重的作用。虽然近年来本专业的学位论文质量不断提升，但在"新文科"建设的要求之下，还需要不断提高和完善。

四川大学是国内首批开展汉语国际教育专业学位研究生培养的单位之一，早在2007年就开始招收非全日制硕士研究生，后来调整为全日制培养。经过近二十年的培养实践，四川大学已经形成了较为成熟的人才培养模式。本文将结合四川大学国际中文教育专业的人才培养实践，结合本专业的学位论文改革措施，探索提升学位论文质量和人才培养效果的新路径。

二、国际中文教育专业硕士学位论文的现状与问题

国际中文教育人才培养的质量可以从就业率、学术论文发表数量等多个维度进行评价，然而，学位论文水平的高低无疑具有举足轻重的地位。不同培养单位对学位论文的形式要求不一，大多以"专题研究"为主，同时还包括教学设计、案例分析、调研报告等。通过对国内本专业学位论文的抽样调查和分析，我们发现以下几个问题。

首先，选题与专业相关度有待提高。学位论文是围绕某一个具体的题目展开论述的，选题质量的高低在很大程度上决定着论文写作的成败。2007年发布的《汉语国际教育硕士专业学位研究生指导性培养方案》（以下简称《方案》）就明确提出：学位论文应紧密结合汉语国际教育实践进行选题。这意味着，学位论文的选题应该将国际中文教育的理论与实践相结合，在关注本领域

前沿问题、实践问题的同时，反思学科建设的理论，使学位论文既具有一定的理论高度，同时又能够指导教育实践。但从已经毕业的学生的论文中可以看到，有相当一部分学生将国际中文教育误等同于"中国语言文学"这个一级学科的范畴，造成论文选题或偏向于对某一文学现象/作品的研究及其翻译，或定位于对某一汉语语言现象/语法问题的分析。这些选题虽然与国际中文教育相关，但关联性不大。因此，学位论文选题一方面要与国际中文教育相关，是本领域应着力解决的问题；另一方面也要有一定的广度，否则问题过小、过细，无法承载一篇硕士学位论文应有的深度。

其次，理论与内容结合性有待加强。虽然《方案》明确提出，国际中文教育专业学位研究生的培养是以职业需求为导向，以实践能力培养为重点，以产学结合为途径，但这并非一味强调教学技能，而忽略对理论的学习和对科研的训练。事实上，有些高校在培养之初确实曾一度取消学位论文，转而以教案、课件或授课视频等代替。这种做法看似以实践为重，其实背离了研究生教育的本质。尽管现在这种做法已经被大多数高校摒弃，但专业学位研究生的理论素养较为欠缺的问题仍然存在，并且这一点直接反映在了学位论文上。有些研究生的学位论文虽然阐述了相应的理论基础，但与研究主体缺少必然的逻辑关系，形成理论与实践"两张皮"。例如，有的学生研究《论语》《红楼梦》等中华传统文化经典作品在海外的传播情况时，借用了传播学的"5W"经典理论，但通篇只是谈传播中华文化的重要性，较少涉及传者、受者和语言教学、文化传播的关系。

最后，研究方法科学性有待提升。研究方法是指在学术研究中为了得到可靠的结论而运用的各种手段的统称，这些手段包括具体程序、工具与标准等（邓树明，2021）。进行任何一项科学研究，都必须采用与其相匹配的研究方法。随着新文科建设的不断深入，人文与社会科学领域常见的研究方法涵盖了实证主义、解释主义和逻辑思辨三种，具体包括内容分析、文献分析、文本分析、话语分析、案例分析以及批判性和思辨性的研究等。当前，国际中文教育专业的学位论文存在方法不当、用法不准、解释力不强等问题。作为一门集教育学、心理学、语言学以及文学、传播学等于一体的交叉学科，国际中文教育的研究应该博采众家之长，将量化与质性研究方法相结合。

此外，一些学位论文在框架设计、语言表述等方面也存在不同程度的问题。具体来说，前者表现在论文的绪论部分，如文献综述/研究现状等内容与选题原因、研究意义界限不够清晰，导致结构混乱；后者则体现在语言表述上，论文中包含过多的口语化表述，使学位论文成了"课堂实录"的文字版，一定程度上削弱了学位论文学术性。

三、四川大学国际中文教育专业硕士学位论文的改革实践

2022年9月，国务院学位委员会公布了最新版《研究生教育学科专业目录（2022年）》，其中国际中文教育不但成为教育学门类下的一级学科，而且可授予硕士和博士专业学位。这是国际中文教育学科和事业发展的重大利好消息，同时也意味着对本专业的人才培养提出了更高的要求。

四川大学国际中文教育专业同时招收中国学生和留学生，也经历了从非全日制到全日制培养方式的变革。在历次修订的四川大学《国际中文教育/汉语国际教育专业学位研究生培养方案》中，都明确把"学位论文"作为必修课程或环节，给予相应的学分，并将其作为研究生毕业授位的必备条件之一。十多年来，在学校研究生院和本专业所隶属的文学与新闻学院的共同领导下，经过全体导师和研究生的集体努力，已累计有上千名中外学生完成学业，获得了本专业的硕士学位。

四川大学国际中文教育专业硕士研究生的学位论文在开题报告、中期检查、论文送审与答辩等方面采取了一系列改革措施，取得了良好的效果。

首先，做好源头管理，严把开题关。好的选题是写好论文的关键一步。根据相关规定，学院一般在硕士二年级下学期组织开题报告会。为了确保选题的专业性、前沿性，科学把关学生论文的方向和内容，开题时会邀请不少于三位校内外专家参加。根据本专业的学科特点，专家往往会从选题的应用性、国际化、针对性、实践性等方面进行重点审查，并对框架结构、研究方法等提出相应的意见和建议。如果开题不通过，研究生需要结合专家提出的问题修改内容、重新搭建论文框架，乃至另选新题并再次举行开题报告会。如果开题通过，学生需要综合专家的意见完善报告，提交到学院研究生科备案。

其次，做细过程管理，严把写作关。学位论文作为学生为取得某种学位而撰写的科研论文，能在一定程度上反映学生的知识掌握水平和学术水平（李忠，2022）。学位论文的写作不是一蹴而就的，往往需要至少一年的时间完成。在这个过程中，学院会做好两方面的工作。一方面，以课程或讲座的方式进行论文写作指导，包括面向所有专业的共性问题的讲解，也包括针对国际中文教育专业的专门指导，还开设了"社会研究方法"等课程，满足研究生对于理论、方法与实践的全方位需求。另一方面，导师作为研究生培养的第一责任人，在学生学位论文的撰写过程中发挥着主导作用，对学生进行具体的指导，以切实提高研究生的科研能力，保证学位论文质量。

再次，做精评审管理，严把质量关。完成学位论文写作只是毕业流程的开始，而论文质量优劣直接决定了研究生能否参加毕业答辩。2024年4月，第十四届全国人大常委会第九次会议表决通过的《中华人民共和国学位法》增加了对不授予学位的情形的规定,强调对学术不端等行为加强全过程管理。这与之前颁发的《学位论文作假行为处理办法》《高等学校预防与处理学术不端行为办法》等一起成为我国研究生学位论文管理的基础性法律法规。四川大学校院两级管理部门结合学校与学科特点,对国际中文教育专业的毕业论文写作和评审等也做出了详细的规定。本专业的学位论文会在通过相关系统的重合率检查并确认达标后,以"双盲"的方式送给校内外专家评审。如果论文质量没有达到标准,则推迟进入送审环节。此外,教师高度重视每一位评审专家的意见,教研室会在评审工作结束后,将专家意见整理汇总供师生参考,不断优化和完善论文指导的环节与过程。

最后,做实出口管理,严把答辩关。论文答辩是学位授予的必备环节之一,也是每一个研究生毕业前的最后一道"关口"。对每一个申请国际中文教育专业硕士学位的中国学生和留学生来说,参加学位论文答辩是综合展现其学术能力、科研能力与表达能力的过程。学院会邀请三位以上专家组成答辩小组,就每个学生论文的内容进行深入的讨论。答辩通过是对学生研究工作的肯定,更是其进入更高层次学术研究或职业生涯的第一步。如果答辩未能顺利通过,学生还需要根据专家的意见修改后再次答辩。这些措施都有效保障了本专业的人才培养质量。

四、结语

学位论文是研究生学业成果最直接的展示,也是衡量高校人才培养效果的重要指标之一。随着"新文科"建设的深入和全球中文热的持续升温,国际中文教育专业研究生学位论文的要求会越来越高。未来我们还需要构建更加科学、合理的学位论文标准体系和评价体系,以推动国际中文教育事业高质量发展,加快推进新时代中国"新文科"建设。

参考文献：

邓树明. 传播研究方法与论文写作[M]. 北京：中国人民大学出版社，2021.

古继宝，何昌清，刘和福. 学位论文训练对专业学位研究生就业能力影响机制的实证研究[J]. 学位与研究生教育，2015（5）：18-22.

李宝贵，李辉. 国际中文教育硕士专业外国留学生学位论文：现状、问题与优化路径[J]. 辽宁师范大学学报（社会科学版），2023（9）：16-24.

李忠. 研究生学术写作与训练的困境及其纾困——基于学位论文写作规范问题的分析[J]. 学位与研究生教育，2022（4）：12-19.

王丹. 人类命运共同体引领下的高校新文科建设与人才培养[J]. 华南师范大学学报（社会科学版），2023（1）：58-67.